诵读详注《道德经》

李幸福　王四朋　**注解**　陈江风　**诵读**

河南大学出版社
·郑州·

图书在版编目（CIP）数据

诵读详注《道德经》/ 李幸福，王四朋注解 . —郑州：河南大学出版社，2020.9
ISBN978-7-5649-4448-3

Ⅰ．①诵… Ⅱ．①李… ②王… Ⅲ．①道家②《道德经》－注释 Ⅳ．① B223.12

中国版本图书馆 CIP 数据核字（2020）第 166680 号

责任编辑　陈广胜
责任校对　徐　飞
封面设计　王四朋

出　　版	河南大学出版社
	地址：郑州市郑东新区商务外环中华大厦 2401 号
	邮编：450046
	电话：0371-86059701（营销部）
	网址：hupress.henu.edu.cn
排　　版	郑州市今日文教印制有限公司
印　　刷	河南省诚和印制有限公司
版　　次	2020 年 9 月第 1 版
印　　次	2020 年 9 月第 1 次印刷
开　　本	710mm×1000mm　1/16　　印　张　16.5
字　　数	226 千字　　　　　　　　　定　价　39.00 元

（本书如有印装质量问题，请与河南大学出版社营销部联系调换）

目　录

前　言
诵读说明

第一章　道可道	1
第二章　天下皆知美之为美	4
第三章　不尚贤	8
第四章　道盅而用之	11
第五章　天地不仁	13
第六章　谷神不死	15
第七章　天长地久	17
第八章　上善若水	19
第九章　多言数穷	22
第十章　营魄抱一	24
第十一章　三十辐共一毂	27
第十二章　五色令人目盲	29
第十三章　宠辱若惊	32
第十四章　视之不见	35

第十五章	古之善为上者	39
第十六章	致虚极	43
第十七章	太上	46
第十八章	大道废	48
第十九章	绝智弃辩	50
第二十章	唯之与诃	53
第二十一章	孔德之容	57
第二十二章	曲则全	61
第二十三章	飘风不冬朝	65
第二十四章	企者不立	68
第二十五章	有物混成	71
第二十六章	重为轻根	74
第二十七章	善行者无辙迹	76
第二十八章	知其雄	78
第二十九章（一）	将欲取天下而为之者	81
第二十九章（二）	夫物或行或随	84
第三十章	以道佐人主者	87
第三十一章	夫唯兵者	90
第三十二章	道常无名之朴	93
第三十三章	知人者智	96
第三十四章	大道氾兮	98
第三十五章	执大象	101
第三十六章	将欲翕之	103
第三十七章	道常无为而无不为	106

第三十八章　上德不德	109
第三十九章（一）　昔之得一者	113
第三十九章（二）　虽贵，必以贱为本	116
第四十章　反者道之动	119
第四十一章　上士闻道	121
第四十二章　道生一	125
第四十三章　天下之至柔	127
第四十四章　名与身孰亲	129
第四十五章　大成若缺	131
第四十六章　天下有道	134
第四十七章　不出于户	137
第四十八章　为学日益	140
第四十九章　圣人无常心	143
第五十章　出生入死	146
第五十一章　道生之	150
第五十二章　天下有始	153
第五十三章　使我介然有知	156
第五十四章　善建者不拔	159
第五十五章　含德之厚	162
第五十六章　知者不言	165
第五十七章　天下多忌讳	168
第五十八章　其政闷闷	171
第五十九章　治人事天	174
第六十章　治大国若烹小鲜	177

第六十一章	治大国若居下流	179
第六十二章	道者万物之奥	183
第六十三章	天下之难事	187
第六十四章	其安易持	190
第六十五章	古之善为道者	192
第六十六章	江海所以能为百谷王者	195
第六十七章	吾有三宝	198
第六十八章	古之善为士者不武	201
第六十九章	古之用兵者有言曰	203
第七十章	天下皆谓吾道大不肖	206
第七十一章	知不知	209
第七十二章	民不畏威	211
第七十三章	勇于敢则杀	213
第七十四章	民不畏死	216
第七十五章	民之饥也	218
第七十六章	人之生也柔弱	220
第七十七章	天之道	223
第七十八章	天下柔弱莫过于水	226
第七十九章	和大怨	229
第八十章	小国寡民	231
第八十一章	信言不美	235

附 录　《道德经》中的成语　　　　　　　　237

前　　言

　　《道德经》原名《老子》，共81章，是春秋末年著名思想家老子所作。该书前半部分（第一章至第三十七章是《道经》）主要是论道，后半部分（第三十八章至第八十一章是《德经》）主要是论德，到了西汉时被改称为《道德经》。它以"道德"为纲宗，论述修身、治国、用兵、养生之道，是道家哲学思想的重要来源，被誉为"万经之王"。

　　《道德经》作为一部古老的经典著作，包含了中国传统哲学思想和原理，对中国乃至世界哲学的发展都产生了巨大的影响。

　　德国大哲学家莱布尼兹、康德、黑格尔、尼采、海德格尔等都受过《道德经》的影响。尼采说《道德经》像一个不枯竭的井泉，满载宝藏，放下汲桶，唾手可得。海德格尔则认为自己最直接地从《道德经》中获得了思想资源。美国学者威兰·杜尔说："《道德经》是人类最高智慧的珍果，在思想史上，它的确可以称得上是最迷人的一部奇书，或许除了《道德经》之外，我们要焚毁所有的书籍，而只在《道德经》中寻得智慧的摘要。"19世纪末俄国汉学家C·海奥基也夫斯基说:"古代哲学家老子的学说,是中国一切哲学的出发点,所有中国哲学家的体系都是在《道德经》哲学体系的各个部分的基础上发展起来的。"《道德经》不但是中华民族古老文化的结晶,也是全人类共享的文化财富。

习近平说:"我们从哪里来?我们走向何方?中国到了今天,我无时无刻不提醒自己,要有这样一种历史感……中国有坚定的道路自信、理论自信、制度自信,其本质是建立在5000多年文明传承基础上的文化自信。"所谓"文化自信"就是要相信我们自己的文化是优秀的。可以说中华民族的文明史就是一部不断探索"道"、不断实践"德"的历史。中华民族能延续五千多年,至今仍充满生命活力,就是因为有"道德"文化贯穿其中。习近平在纪念孔子诞辰2565周年国际学术研讨会开幕式的讲话中,列举了中国优秀传统文化中蕴藏着的解决当代人类面临的难题的重要启示,第一条就是《道德经》所说的"道法自然",其他如天人合一、天下为公、安民、富民、乐民、以民为本、为政以德、政者正也、以德立人、讲信修睦、简约自守、力戒奢华、中和、泰和、安不忘危等,无不包含在《道德经》阐述的思想中。我们今天研究《道德经》,吸取蕴藏在中华优秀文化传统中的精髓,对解决当代人类面临的难题无疑有着重大的现实意义。

有人说《道德经》古奥难懂,这的确也是事实。一是因为该书写作年代久远,文中一些字义与现今字义有较大的反差。二是因为该书是一部哲理诗,文字简约,不易理解。三是该书在流传过程中,形成了若干版本,其中不乏舛误之处,往往因多一个字或少一个字,或用字的不同,就会给理解带来偏差。为了给大家提供一个相对较好的学习版本,帮助大家正确理解老子的思想内容,进一步弘扬中国传统文化的道德精神,我们编著了这部《诵读详注〈道德经〉》。

　　这部著作使用的版本为古棣对现通行本的校订本。《道德经》一书，由于时间较早，又历经辗转传抄，舛误之处甚多，清人顾广圻就说："我国旧籍之讹误紊乱，无过于《老子》。"现在通行的王弼本也已非原貌，后人笔误或脱字不少。因此，古棣对其进行了校订。古棣说："在前人校勘方面创获的成绩的基础上，我运用了书校、理校、语校、韵校、文校、字校等六种互相结合的方法反复进行，自认为理校出了一个最接近老子原貌的善本。至于是否如此，那只有靠专家、读者和历史鉴定了。"

　　该书每章共分章旨、原文、音韵、注释、译文、诵读6个部分。章旨部分勾勒出该章主题思想，便于大家阅读理解原文。原文版本为古棣本，注释中引用的校订说明为古棣之说明。音韵部分摘自古棣音韵校定文。《道德经》句式整齐、押韵，为诗歌体之经文，读之朗朗上口，易诵易记，体现了中国文字的音韵美。注释部分依据《汉语大字典》并采取详注，对原文中的语句和字词音义进行了详细的说明。译文采取直译，读者可以结合注释进一步理解原文的含义。为使读者更好地诵读、记忆、理解《道德经》，我们为原文加注了拼音和吟诵符号，并由陈江风教授诵读，录成音频，制成二维码附于书后。由于水平所限，错误、不妥之处在所难免，敬请读者斧正。

李幸福
2020年3月

诵读说明

　　吟诵是传承中国文化精神的重要手段，还是高效的学习方法。用这种方法，不仅记得牢，而且理解得深。作为古代的读书法，老子的《道德经》就是这样传承下来的。古代读诗读文方法各不相同。记谱的方法与符号也不相同。本文依照中国吟诵学会秘书长徐健顺教授的读文版本，采用"·！～"和空白4种符号标记文本。"·"为重读，有强调的作用。"～"为长读，一般用来标示重要的文言虚字和句尾拖音。"！"为入声字，读音极短。放在句尾、韵尾则需停顿之后长吟。入声字现在已混入阴平、阳平、上声、去声之中。而吟诵读文是要求读出它的极短的特色的。空白也是一种符号，表示轻读的平仄声调的文字。

　　上古韵和中古韵计入声字也有不同。一般来说，上古韵比中古韵更宽泛，根据王力先生《汉语音韵》的理论，入声字最初分为长调和短调两种。入声的长调到后代变为去声（由于元音较长，韵尾的塞音逐渐失落了），而短调到后代仍为入声。因此，上古韵入声字比较多。本书按王力系统的上古韵计算入声字。

吟诵一般按《平水韵》分声调，也就是按中古韵吟诵，按中古韵计算入声字。考虑到《道德经》使用的是上古韵，本书中又专列"音韵"一节，为表述的一致性，本书则改用上古韵诵读，计算入声字，而诵读的方法，仍用"字调"吟诵法。

陈江风

2020年3月

第一章　道可道

【章旨】

　　本章是《道德经》的导论。老子开宗明义，提出"道"这一哲学范畴，并紧紧围绕这一哲学范畴，进行了纲领性的论述。老子认为"道"是宇宙的本体，是天地万物的根源。

【原文】

　　道可道，非常道①；名可名，非常名②。无，名天地之始③；有，名万物之母④。故常无，欲以观其妙⑤；常有，欲以观其徼⑥。此两者同，出而异名⑦；同谓之玄⑧，玄之又玄，众妙之门⑨。

【音韵】

"道可道，非常道"，"道"与"道"押韵，入幽部。第二句换韵，"名可名，非常名"，"名'与"名"押韵，入耕部。"无，名天地之始；有，名万物之母"，"始"与"母"押韵，二字入之部。"故常无，欲以观其杪；常有，欲以观其徼"，"杪""徼"押韵，二字入肖部。"此两者同，出而异名"，"同""名"押韵，"同"入东部，"名"入耕部，此为东耕合韵。"同谓之玄，玄之又玄，众妙之门"，"玄""门"为韵，"玄"入真部，"门"入文部，此为真文合韵。这一章格律诗的特点很浓，读起来韵律和谐，节拍紧凑。

【注释】

①第一个"道"字和第三个"道"字为名词，指宇宙本体；第二个"道"字作动词用，"知道""体验"的意思。非：副词，表示否定，"不是"的意思。常：一般的、普通的。

②第一个"名"和第三个"名"是名词，即名称、名字；第二个"名"为动词，即"命名"或"起名"。

③之：助词，表示词语之间的结构关系，相当于"的"。始：开始，开端。

④母：根本、根源。

⑤故：因为，所以，表示结果或结论。常：副词，经常、常常。无：指"道"。因为道"视之不足见，听之不足闻"，所以称它为"无"。欲：要，应该，助动词，表示情理上必须如此。以：用，介词。观：在这里不是指观察，而是"深思""探究""领悟"之意。其：代词，代指上句中的"天地""万物"。杪：各本皆作"妙"。毕沅曰："古无妙字，王肃本作'眇'，董遇注《易》曰：'眇，成也'。"马叙伦曰："妙为杪讹，字当作杪。说文：'杪，木標末也'。""杪"为树枝的细梢，可引申为微末，进而引申为原始。

⑥徼：端倪，即事物的眉目、头绪或边际。

⑦"此两者同,出而异名",历来注家多作一句读。陈景元、吴澄、释德清读作"此两者同,出而异名"。按陈、吴、德清句读,不但在义理上、逻辑上皆通,而且也合乎韵律。"此两者",指上句中的"无"和"有"。"同",统一。"出",产生。

⑧玄:《说文》:"玄,幽远也。"亦即老祖母之意。这里指道。

⑨妙:通"渺",细小,精微。门:比喻事物的关键,门路,途径。

【译文】

作为宇宙本体的道是可以体验到的,但不是用一般的、普通的方法(指感官感知)能够体验到的;名是可以起的,但不是用一般的、常规的方法起的。我用抽象的方法给天地的创始者起个名叫作"无",给万物的母体(天地)起个名叫作"有"。因此,要常用"无"的观点(即从道的观点)去领悟物质世界的起源,要常用"有"的观点去领悟物质世界的边际。"无"和"有"是统一的,有是无产生的,只是名称不同。这个统一的东西也可以叫作老祖母,最老最老的祖母,它是一切物质所从出的门户。

第二章　天下皆知美之为美

【章旨】

　　本章体现了老子的整体观。老子认为世界上的一切事物都有阴阳两方面，它们是和谐的统一，这是规律。为人处事如果绝对否定或排斥另一方，就会向反面转化；如果能保持和谐统一，就能保证事物健康长久的成长。

【原文】

天下皆知美之为美①，斯恶已②；皆知善之为善，斯不善已。故有无之相生，难易之相成，长短之相形，高下之相倾，音声之相和，先后之相随③。是以圣人处无为之事④，行不言之教⑤，万物作而不辞，生而不有，为而不恃，功成而不居⑥。夫唯不居⑦，是以不去⑧。

【音韵】

　　"天下皆知美之为美，斯恶已；皆知善之为善，斯不善已"，第一句"美"与"美"押韵，第二句"善""善""善"为韵，即句中自为韵。两句又谐"已"字韵。"故有无之相生，难易之相成，长短之相形，高下之相倾"，"生""成""形""倾"为韵，四字皆入耕部。"音声之相和，先后之相随"，"和""随"为韵，二字入歌部。"是以圣人处无为之事，行不言之教。万物作而不辞，生而不有，为而不恃，功成而不居。夫惟不居，是以不去"，"事""辞""有""恃""居""居""去"七字为韵。"事""辞""有""恃"四字入之部，"居""去"入鱼部，此乃之鱼合韵。

【注释】

　　① 天下：即人世间。《上元经》曰："诸天之下，诸地之上，其中人物，名曰世间"。皆：都，副词。之：助词，相当于"的"。为：是，表示判断。

　　② 斯：就，连词。恶：丑。已：同"矣"，表示肯定语气，相当于现代汉语中的语助词"了"。

　　③ 此段，傅奕本、范应元本、帛书甲本和乙本等，六"相"字上皆有"之"字；河上公本、王弼本无"之"字；盖传抄者不知"之"犹"则"也，而训为"的"，解作"有无的相生"，因此感到句子不完整，所以删去了六个"之"字。"长短之相形"，王弼本作"相较"，"生""成""形""倾"

为韵，老子原文必不作"较"。"高下之相倾"，帛书本作"高下相盈"，陈鼓应从帛书，解作"高下互相包含"。此解虽通，但于《老子》书无旁证，似应作"相倾"。"相倾"有高下比较而存在之义。"先后之相随"，传世各本作"前后相随"。蒋锡昌说："《老子》本书'先''后'连言，不应于此独异。如七章'是以圣人后其身而身先'；六十六章'欲先民必以身后之'；六十七章'舍后且先'，皆其证也。"之：是，表示判断。《玉篇·之部》云："之，是也。"形、倾：皆有比较而存在之意。

④是以：连词性的介宾词组，即"以是"的倒装，表示结果或结论，相当于"因为""所以"。圣人：道德最高尚、智慧最高超的人。《庄子·天下篇》说："以天为宗，以德为本，以道为门，兆于变化，谓之圣人。"老子是借这一理想人物投射"道"的特性。处：处置，办理。无为：即按照"无"（即"道"）的原则做事，这里是指"道"的整体性。之：助词，的。

⑤行不言之教：南宋范应元注："行不言之教者，配天也，'天何言哉？四时行焉，百物生焉？'圣人则循理而利物，无有不当，斯不言之教也。""不言之教"，即榜样的教育，亦即身教。

⑥"万物作而不辞"，各本皆作"万物作焉而不辞"，傅奕本、范应元本等无"焉"字；帛书甲本缺文，乙本作"万物昔而弗始为"，显然抄错了字，但可知无"焉"字。按：不应有"焉"字，"作而不辞"正与下面"生而不有""为而不恃""功成而不居"三句一律。作：产生，兴起。不辞：即"不司"，不为主宰的意思，"辞"乃"司"的假借字。为：施恩。《广雅·释诂》："为，施也。"恃：依靠、依赖。这里引申为"回报"。居：占、占有。

⑦夫唯：夫，发语词；唯，连词，因为。

⑧去：表示趋向或持续。

【译文】

天下之人都知道美的东西是美的，丑就产生了；都知道好的事情是好的，不好也就产生了。

所以有无是相互生成的，难易是相互对比的，长短是相互比较的，高下是相互对照的，音声是相互应和的，先后是相互连接的。

　　因此，圣人用"无为"（整体）的原则去处事，以榜样的力量去教育，万物蓬勃兴起而不作主宰，生养万物而不占为己有，推动万物而不以为自己尽了力量，功成而不居功。圣人正因为不居功，所以他的功勋永远不会消逝。

第三章　不尚贤

【章旨】

　　本章是将第二章天地自然的法则引申应用到人世间治道的发挥，即治理国家要注重精神文化建设。

【原文】

　　不尚贤①，使民不争②；不贵难得之货③，使民不为盗；不见可欲④，使民心不乱。

　　是以圣人之治也，虚其心⑤，实其腹⑥，弱其志⑦，强其骨⑧，常使民无知无欲⑨。使夫知者不敢为也⑩，为

wú wéi　　zé wú bú zhì yǐ
无为，则无不治矣⑪。

【音韵】

　　"不尚贤，使民不争"，"贤""争"为韵，"贤"入真部，"争"入耕部，此为真耕合韵。"不贵难得之货，使民不为盗；不见可欲，使民心不乱"，"盗""乱"为韵，二字皆入元部。"是以圣人之治也，虚其心，实其腹，弱其志，强其骨，常使民无知无欲"，这是交韵而略有变通："治"与"志"为韵，二字入之部；"腹""骨""欲"为韵，"腹""骨"入鱼部，"欲"入屋部，两者为邻近韵，可以谐韵。"使夫知者不敢为也，为无为，则无不治矣"，"为""为""治"为韵，"为"入支部，"治"入之部，此为之支通韵。

【注释】

　　① 尚：推崇。贤：好。
　　② 使：致使，让。民：这个"民"代表了所有的人，相当于我们现在所说的"人们"或"人类"，不是专指百姓而言。
　　③ 贵：崇尚、重视。货：货物。
　　④ 见：通"现"，显现。欲：欲望、欲念。
　　⑤ 虚：指清静无欲的内心境界。其：代指"民"。下面三"其"字与此同。心：思想。
　　⑥ 实：真诚、不虚假。腹：内心，不是指肚子。
　　⑦ 弱：减少。志：意念。这里指"私欲"。
　　⑧ 骨：品格、气概。
　　⑨ 知：同"智"，聪明、有智慧。
　　⑩ 夫知者：那些自作聪明的人。夫，指示代词，那，那些。知（zhì），通"智"。
　　⑪ 为无为：用"无"（"道"）的原则去做事。这里是指"以正治国"。

矣：语气助词，表示必然或肯定，相当于现代汉语的"的"或"了"。

【译文】
　　不推崇某一方面好，就不会引起人们的竞争；不看重某一珍贵、难得的东西，就不会使人们起盗心；不显现引起欲望的东西，就不会使人们胡思乱想。
　　因此，圣人治理天下，使人们的思想清静，内心真诚，私欲减少，品格增强，常使人们没有巧诈的心智、没有贪欲的念头。使那些自作聪明的人不敢妄为，用这种（"无为"）方式治理国家，就没有治理不好的。

第四章　道盅而用之

【章旨】

前三章可以说是《道德经》一书的总纲。第一章讲什么是道，第二章讲怎样以道修身，第三章讲怎样以道治国。本章接着再讲道的基本规定性。老子以"盅"为喻说明道的性质是虚的，它虽看不见、摸不着，但又真实地存在着，它中道而行，永不盈满。

【原文】

道盅而用之，又不盈①。渊兮！似万物之宗②；湛兮③！似或存④。吾不知其谁之子⑤，象帝之先⑥。

【音韵】

"道盅而用之，又不盈"，"用""盈"为韵，"用"入东部，"盈"入耕部，两者韵部相近，故可押韵。"渊兮！似万物之宗；湛兮！似或存。吾不知其谁之子，象帝之先"，"宗""存""先"为韵，"宗"入侵部，"存""先"入文部。侵部与文部元音相同，故可押韵。

【注释】

①道盅而用之，又不盈："盅"，帛书乙本作"冲"，甲本缺文。通行本亦作"冲"。傅奕本作"盅"。焦竑曰："古本冲作盅。"俞樾曰"《说文》皿部：'盅，器虚也'。《老子》曰：'道盅而用之'。盅训虚，与盈正相对。作冲者，假字也。"按：俞说是。盅、冲音近，故可通假。"盅"当是《老子》书的本字。"又不盈"，傅奕本如此；其他各本"又"，有作"有"者，有作"或"者，有作"久"者。马叙伦说："又、有、或、久四字古皆通。具见《经传释词》。"马说是。有、或、久，乃"又"的假借字，有、或、久与"又"皆入之部，故可通假；但义不同，"又"当是《老子》书的本字。盅：器皿中的空间。之：第三人称代词，"它"。盈：高亨说："'盈'通'逞'，尽也。"

②渊：深，深远。宗：祖宗、祖先，亦可释为"本原"。

在"渊兮，似万物之宗"之后，帛书甲本和乙本、傅奕本及其他通行本皆有以下一段话："挫其锐，解其纷，和其光，同其尘。"此四句重见五十六章。谭献、马叙伦认为是五十六章的错简重出。马叙伦说："此文'挫其锐'四句乃五十六章错简，而校者有增无删，遂复出也。"

③湛：《说文》曰："湛，没也"。高亨说："湛者，黯不可见之貌。"

④似或存：似，似乎。或，副词，通"又"。存，存在。

⑤其：代指道，可译为"它"。

⑥象：同"像"。先：祖先。

【译文】

道是空虚的，但作用却又不会穷尽。道深远啊！它是万物的祖宗；看不见啊！它又似乎存在着。我不知它是谁的儿子，好像是天帝的祖先。

第五章 天地不仁

【章旨】

本章揭示了天地"自然"的特性。老子以橐籥的功能比喻"道"的功能，说明道之体就在天地之间，天地万物的运动，无不是道的作用。

【原文】

天地不仁①，以万物为刍狗②；圣人不仁，以百姓为刍狗。天地之间，其犹橐籥乎③？虚而不屈④，动而俞出⑤。

【音韵】

"天地不仁，以万物为刍狗；圣人不仁，以百姓为刍狗"，乃交韵，即：奇句与奇句为韵，二"仁"字为韵，"仁"字入真部；偶句与偶句为韵，二"狗"字为韵，"狗"字入侯部。最末几句，"乎""屈""出"为韵，"乎"入鱼部，"屈""出"入物部，两者元音相同，故可协韵。

【注释】

① 不仁：高亨说："只是无所亲爱而已。"

② 以：把，介词。刍狗：古代祭祀时用草扎成的狗。刍，喂牲口的草。

③ 其：它，代词，表示第三人称。犹：动词，"如同"的意思。橐籥：古代冶铁时用来鼓风的装置，犹今之风箱。

④ 屈：竭，穷尽。

⑤ 俞：通"愈"，更加，越发。本章在"动而俞出"之后，各本皆有"多言数穷，不如守中"两句。马叙伦、高亨认为这两句不属此章。这两句应属第九章，在"持而盈之"之前，于韵相协，义亦连贯。

【译文】

天地无所偏爱，任凭万物自然生长；圣人无所偏爱，任凭百姓自己发展。天地之间，它不就像个大风箱吗？空虚而不会穷竭，运动起来则生生不息。

第六章　谷神不死

【章旨】

本章用简洁的语言描写了形而上的实存之道：一是用"谷"来象征道体的"虚"状，用"神"来比喻道生万物的绵延不绝；二是用"玄牝之门""天地之根"说明道是产生天地万物的始源；三是用"绵绵若存，用之不勤"来形容道的功能，即孕育万物而生生不息。

【原文】

谷神不死①，是谓玄牝②。玄牝之门，是谓天地之根。绵绵若存③，用之不勤④。

【音韵】

"谷神不死，是谓玄牝"，"死""牝"押韵，二字皆入脂部。接下去转韵："玄牝之门，是谓天地之根。绵绵若存，用之不勤"，"门""根""存""勤"押韵，四字皆入文部。

【注释】

① 谷神：空虚之神，是万物产生的总根源，喻指"道"。高亨说："谷神，道之别名也。"不死：永远不会止息。

② 是谓："谓是"的倒装。谓，叫作、称作。是，代词，代指"谷神"，即"道"。玄牝：孳生万物的本原。亦可释为"老祖母"或"原始的老祖母"。

③ 绵绵：连绵不断的样子。若存：模模糊糊地存在着。

④ 之：代指"谷神"。勤：穷尽，枯竭。

【译文】

像山谷那样空虚的道是永不止息的，它是孳生万物的本原。玄牝之门，就是天地的根，连绵不断地存在着，它的作用永远不会穷尽。

第七章　天长地久

【章旨】

本章与第五章相联系，从道引出无私来，其核心是"以其无私，故能成其私"。老子旨在教人要效法天地的无私精神，为人处事要先人后己，有我而无我，这样才会受人尊敬。

【原文】

天长地久。天地所以能长且久者①，以其不自私②，故能长久。是以圣人后其身而身先③，外其身而身存：以其无私，故能成其私④。

【音韵】

"天长地久。天地所以能长且久者，以其不自私，故能长久"，"久""久""私""久"为韵，"久""私"皆入之部。"是以圣人后其身而身先，外其身而身存"，"先""存"为韵，二字皆入文部。"以其无私，故能成其私"，二"私"字为韵，"私"入脂部。

【注释】

① 所以：连词，表示结果或结论。

②"以其不自私"，各本皆作"以其不自生"。马叙伦说："自'是以圣人'以下文义不属。上文'以其不自生'之'生'字当作'私'字。"马说有理。作"私"谐韵，作"生"则失韵。"故能长久"，传世各本"长久"多作"长生"，但《老子想尔注》六朝写本作"故能长久"，可知在汉代即有一种传本作"长久"不作"长生"。按作"久"为是，根据有二：（一）"故能长久"正与上文"天地所以能长且久者"相应。上文究问天地能长且久的原因，回答是"以其不自私"，那么结语自应作"故能长久"，作"长生"与上文不相应。（二）作"故能长久"与第一句"天长地久"，第二句"天地所以能长且久"押韵。以其：因为它。以，连词，因为，由于。其，代词，代指天地。

③ 其：代指圣人。身：反身代词，自己。先：尊重、尊敬的意思。

④"以其无私，故能成其私"，帛书作"不以其无私与？故能成其私"；传世本大都作"非以其无私邪！故能成其私"。高亨认为应无"非""邪"二字。他说："《释文》河上直云'以其无私'。景龙碑、龙兴观碑并无'非''邪'二字。无'非''邪'二字，是也。'以其无私，故能成其私'，文义贯达，若增'非''邪'二字，则语气折阂矣。'以其无私,故能成其私'，与'以其不自生,故能长生'句法一律,若增'非''邪'二字，则失其句例矣。"高说是。"以其无私，故能成其私"和四十三章的"以其终不为大，故能成其大"，也是同样句法。私：这个"私"字可以说是以带有幽默意味的相反词，反衬出大公无私的观念。

【译文】

天长地久。天地之所以能长且久，是因为它不自私，所以能够长久。

因此圣人把自己的利益放在后面，反而能赢得大家的尊重；把自己置之度外，反而能保全生命。这正是因为他不自私，所以能够成就他自己。

第八章 上善若水

【章旨】

本章老子以水为喻,说明上等的善具有像水一样的品格。共分两段:第一段讲不争,第二段讲接近于道的情况。老子之意,概望人由"几于道"而至于道。

【原文】

上善若水①,水善利万物而不争②。夫唯不争,故无尤矣③。处众人之所恶④,故几于道矣⑤。

居善地⑥,心善渊⑦,与善人⑧,言善信,正善治⑨,事善能⑩,动善时⑪。

【音韵】

"上善若水,水善利万物而不争。夫唯不争,故无尤矣。处众人之所恶,故几于道矣","争""争"为韵,"争"入耕部;"尤""道"为韵,"尤"入之部,"道"入幽部,此为之幽合韵。两"矣"字亦入韵,两字韵脚为"富韵"。"居善地,心善渊,与善人,言善信,正善治,事善能,动善时"为抱韵而略有变通,即:"地"与"治"为韵,"治"入之部,"地"入支部,此为之支合韵;"渊""人""信"为韵,三字入真部,"能""时"为韵,二字入之部。所谓抱韵,即开首一句和结尾一句押韵,而中间几句押韵。标准的押韵例是第一句与第四句押韵,第二句与第三句押韵。又"地"字一般入歌部,但在楚音中有一些通常原入歌部的字,入支部,"地"字亦入支部。

【注释】

① 上善若水:上等品德的人像水一样。水最显著的特性,一是柔,二是停留在卑下的地方,三是滋润万物而不与之相争。水的这三大特性,与天无私覆、地无私载同工异曲。上:上等,最高。善:美好的品德、行为、好人、好事。

② 不争:即"无为"。不争并不是真正的与世无争,而是通过不争来取得比"争"更好的效果。所以朱熹说:"其所以不与人争者,乃所以深争之也。"(《朱子语类》卷一百三十七)

③ 各本"夫唯不争,故无尤矣"皆在本章之末;而"水善利万物而不争"紧接"处众人之所恶,故几于道",并且,从伪河上公注开始,把"水善利万物而不争"与"处众人之所恶,故几于道"作一句读。石田羊一郎、马叙伦都认为"夫唯不争,故无尤矣"应在"水善利万物而不争"句下,石田羊一郎和马叙伦的说法是合乎逻辑的、正确的。"夫唯不争,故无尤矣"在章末,与上文在内容和文理上都不相关联,而移于"水善利万物而不争"句下则若合符节。夫:发语词。唯:因为,连词。故:所以,连词。无:不,副词,表示否定。尤:错误、过失。亦可释为"报怨""指责"。

④ 处众人之所恶:这句话显然省略了主语"有修养的人",是说有修养的人处于众人所厌恶的境地。处:位置在(某处)。恶:讨厌、不喜欢。

⑤ 故:就,副词。几:几乎,差不多。于:同,介词。

⑥居善地：居，处于。地，地位。"居善地"是一个倒装句法，如同常见的把"不知我"说成"不我知"一样。其下六句句法与此相同。

⑦心：指思想，内心世界。渊：深潭。这里是形容人心的宁静。

⑧与善人：多数本子作与"善仁"。博奕本、河上公本、景龙本、邓锜本、李嘉谋本作"与善人"。"仁"与"人"相通。"与"即与人相与，和人交往的意思。"与善人"即善于和人相处，也包括相爱之意。

⑨正：通"政"，政治。

⑩能：任务。《广雅·释诂》："能，任也。"

⑪时：适时、合于时宜。

【译文】

上等品德的人像水一样，水善于利泽万物而不争。正因为不争，所以没有怨咎。

处于大家都厌恶的境地，就几乎达到道的境界了。为人处事善于处在下位，内心善于保持宁静，与人交往善于对待对方，说话善于保持信用，为政善于治理，做事善于完成任务，行动善于把握时机。

第九章　多言数穷

【章旨】

由"上善若水"到"处众人之所恶",引而申之,都是说明天道自然的法则。本章则是将这一法则引申应用到人生处世上,说明多欲及自傲的害处。一般人遇到名利当头的时候,没有不心醉、不趋之若鹜的。老子这里旨在告诫世人凡事都不能过度,要知进知退,适可而止,并特别指出"功遂身退"才是"天道"自然的规律。

【原文】

多言数穷,不如守中①;持而盈之,不如其已②;揣而锐之③,不可长保。金玉满室,莫之能守④;富贵而骄,自遗其咎⑤。功遂身退⑥,天之道也哉⑦!

【音韵】

"多言数穷,不如守中;持而盈之"三句,"穷""中""盈"为韵,三字皆入耕部。"不如其已"与以下几句的"保""守""咎""道"为韵。"已"入之部,"保""守""咎""道"入幽部,此为之幽合韵。之幽合韵也是《诗经》的通例。"不如其已",不与上句为韵,而与其下数句为韵,乃续韵例。

【注释】

① "多言数穷,不如守中",原在第五章末。与第五章主旨及其上文无法连属,移至此章则意义连贯,韵律协和。数:常常。穷:理屈,辞屈。中:适当。

② 已:停止。

③ 揣:锤击,锻打。之:代指利器。

④ "金玉满室,莫之能守",傅奕本、范应元本如此。今王弼本"室"作"堂",当为后人所改。帛书甲本、乙本皆作"金玉盈室"。"堂"则应作"室"。劳健说:"《焦氏易林》中有此语,亦'堂''室'二字互见,因韵而异。此盖以'室'字与'守'字取谐双声,下二句'骄''咎'字亦然。证当作'室'。"莫:代词,表示无指,没有谁。之:助词,的。

⑤ 骄:放纵,横暴。遗:招致。咎:灾殃。

⑥ 遂:成功。

⑦ 天之道:自然界运行的规律。也哉:语气词连用,"也"表示断定,"哉"表示感叹或反问,重点在"哉"字上,相当于今的"呀""吗""啊"之类。

【译文】

话说多了常会理屈,不如保持适当;执持满盈而不倾溢,不如适时停止;锻打利器使之尖锐,不能长久保持;金玉满室,没有能够守得住的;富贵而且骄纵,自寻灾殃。功成身退,这才是自然之道啊!

第十章　营魄抱一

【章旨】

　　本章是讲修身治国之道。前三句讲修身，后三句讲治国，并特别强调修身为治国之本。

【原文】

　　营魄抱一①，能无离乎②！专气致柔，能如婴儿乎③！涤除玄览④，能无疵乎⑤！爱人治国，能无以智乎⑥！天门开阖，能为雌乎⑦！明白四达⑧，能无知乎⑨！

【音韵】

　　本章一韵到底，且是富韵。"离""儿""疵""智""雌""知"为韵，六字皆入支部；六"乎"字亦谐韵，"乎"字入鱼部。"离"字，通常入歌部，音罗,与支部字不能谐韵,但楚音中,如《楚辞》《庄子》和本书则入支部。

【注释】

① "营魄抱一",各本在"营"上皆有一"载"字。前人考定,"载"字为第九章末句的句尾助词,可为已成定论。营魄:围绕人身而居的精神。抱一:高亨解释说:"一谓身也,抱一,犹云守身也。"

② 无离:不分离。无,副词,不。

③ "专气致柔,能如婴儿乎",俞樾说:"河上公及王弼本均无'如'字,于文义未足。惟傅奕本有'如'字,与古本合。"刘师培说:"'能'下当有'如'字。"按语法,此"如"字不能省。"能婴儿",古代无此例,《老子》书也无此例,《老子》书提到婴儿的地方作"如婴儿之未孩"(二十章),"复归于婴儿"(二十八章),"含德之厚,比于赤子"(五十五章)。专气:团聚元气。致柔:求得柔和。

④ 涤除:清除掉尘土和污垢。玄览:高亨说:"'览'读为'鉴','览''鉴'古通用。玄者形而上也,鉴者镜也,玄鉴者,内心之光明,为形而上之镜,能照察事物,故为之玄览。"

⑤ 疵:《说文》:"疵,病也。"这里是指私欲,私欲即是心中的病。

⑥ "爱人治国,能无以知乎",帛书甲本、乙本作"能毋以知乎",傅奕本、范应元本作"能无以知乎",并注曰:"'能无以知乎',王弼、孙登同古本。"今王弼本缺"以"字,或是传抄中误脱,或是有人为求上下句一律而妄删。今伪河上公注本亦无"以"字。无"以"字,作"无知",与"明白四达,能无知乎"句完全重复,《老子》书必不如此。"毋""无"古通用。"知"借为"智"。易顺鼎说:"'爱民治国,能无知',当作'能无以智'与下句'无知'不同。"河上公古本、景龙碑作"无为",于义也通,但审上下文则作"无以智"于义为长,且有帛书、傅奕本等古本为据,理应作"无以智"。又"人",各传本大都作"民"。

⑦ "天门开阖,能为雌乎",河上公古本作"无雌"。"无雌"于义不通。天门:即道,是物类所从出的门户。《庄子·庚桑楚》曰:"入出而无见其形,是谓天门。天门者,无有也,万物出乎无有。"开阖:即开合。雌:柔弱。

⑧ 明白四达：无所不知。

⑨ 无知：知而不自以为知。各本在"明白四达，能无知乎"之后有五句："生之畜之，生而不有，为而不恃，长而不宰，是谓玄德。"马叙伦说："谭先生献曰：'五十一章亦有"生而不有"四句，必有一衍误。'伦谓自'生之'以下皆五十一章之文。"马说是。此五句显然与上文不相属，且到"能无知乎"意义已完，字亦谐韵，无须蛇足。

【译文】

精神与形体合一，能不分离吗！团聚元气求得柔和，能像婴儿的状态吗！洗垢除欲深入观照，能没有私欲之病吗！爱人治国，能不专用自己的智慧吗！在大千世界的变化中，能坚守住安静吗！什么都知道，能做到知而不自以为知吗！

第十一章 三十辐共一毂

【章旨】

本章通过三个事例，论述了有和无的关系。说明世界万物无不是有和无的统一，它们是互相依存、互相成就的。所以我们看待事物，一定要从两方面去看，不能只重视一面而忽视另一面。

【原文】

三十辐共一毂①，当其无，有车之用②。埏埴以为器③，当其无，有器之用。凿户牖以为室④，当其无，有室之用。故有之以为利，无之以为用⑤。

【音韵】

"三十辐共一毂"，"辐""毂"为韵，"辐"入职部，"毂"入屋部，两者为邻近韵，可以通谐。其下交错为韵："毂"与本语法句的"当其无"及第二个、第三个语法句的"当其无"为韵，"无"入鱼部，屋部与鱼部为邻近韵，可以通谐；"有车之用""有器之用""有室之用""无之以为用"，押"用"字韵，"用"入东部；"埏埴以为器""凿户牖以为室""故有之以为利"三句押韵，"器""室""利"为韵，"器""利"入脂部，"室"入质部，两者为邻近韵，可以通谐。

【注释】

① 三十辐共一毂：古代大木车的车轮由三十根辐条构成，这个数目字取法于月数。《周礼·考工记》云："三十辐象三十日以成一月也。"共：通"拱"，有拱卫、集中的意思。毂：车轮中心车轴穿过的圆木，外沿与车辐相接，中有插轴的圆孔。

② 当：介词，表示处所，可不译。其：代词，代指车毂。无：指车毂内外的空间。

③ 埏埴：将黏土放在模子里制作陶器。埏，制陶器的模子；埴，黏土。以：表示对事物的处置，相当于"把"。为：动词，做。

④ 户：单扇门，一扇为户，两扇为门。牖：窗子。

⑤ 有之以为利，无之以为用：有是作为凭借的条件，无是倚靠有而起作用。之，是，表示判断。

【译文】

三十根辐条环绕轴心构成车轮，有了车轮中心空的地方，才有车的用处。把黏土放进模子里做成陶器，有了器皿中空的地方，才有器皿的用处。建造房屋开凿门窗，有了门窗四壁组成的空间，才有房屋的用处。所以，有是无凭借的条件，无是倚靠有而发挥作用。

第十二章　五色令人目盲

【章旨】

俗话说："罗绮千箱，不过一暖；食前方丈，不过一饱。"本章的宗旨就是要人们开发心灵的智慧，去奢侈存俭朴，建立内在恬淡、宁静的生活，而不要被物所驱使。只有恬淡平凡方能得物之真味真性；只有宁静中和，人心方能收住。

【原文】

五色令人目盲①；五音令人耳聋②；五味令人口爽③；驰骋田猎，令人心狂④；难得之货，令人行妨⑤。是以圣人之治也，为腹不为目⑥。故去彼，取此。

【音韵】

　　头五句，押句尾韵，"盲""聋""爽""狂""妨"为韵，"盲""爽""狂""妨"皆入阳部，"聋"通常入东部，但在楚音中入阳部。"是以圣人之治也，为腹不为目"与"故去彼取此"两句皆句中自为韵："腹""目"为韵，二字皆入物部；"彼""此"为韵，"此"入支部，"彼"字通常入歌部，但在楚音中入支部。又上句的"也"字入支部，也与"彼""此"押韵。

【注释】

　　① 五色：黄、青、赤、白、黑。这里泛指各种颜色。令：使，让。盲：《释名·释疾病》曰："盲，茫也，茫茫无所见也。""盲"是指不能辨识。

　　② 五音：宫、商、角、徵（zhǐ）、羽。耳聋：听觉不灵。《释名·释疾病》曰："聋，听不察也。"

　　③ 五味：酸、甜、苦、辣、咸。爽：伤害，破坏。《广雅·释诂》："爽，伤也。"

　　④ "驰骋田猎，令人心狂"，王弼本作"畋猎"。《说文》段注："'田'即'畋'字"。但"畋"字是后起字，《易经》言打猎皆作"田"，不作"畋"，可知《老子》原本当作"田"。各本"狂"上皆有"发"字，据高亨说删。高亨说："'发'字疑衍。'心狂'二字，其意已足，增一'发'字，则反赘矣。此文'令人目盲，令人耳聋，令人口爽，令人心狂，令人行妨'，句法一律，增一'发'字，则失其句例。"田猎：打猎。狂：纵情地、无拘无束地。

　　⑤ 行妨：伤害操行。妨，害、损害。

　　⑥ "是以圣人之治也，为腹不为目"，各本皆作"是以圣人为腹不为目"，唯帛书在"圣人"之后有"之治也"三字。按："之治也"三字应有，这说明老子把以上那几条，也是归结到治国上去的。为：动词，谋求的意思。"腹"在这里是指内心，不是指填饱肚子。"目"指外表，即"五色""五音""五味""田猎""难得之货"等。

【译文】

　　五彩缤纷的颜色会使人辨别不清;纷杂的音调会使人听觉不灵;食味太多会使人不知真味;纵情打猎会使人心放荡;难得的珍贵物品会诱使人做出伤害他人和自己的蠢事。因此,圣人处理事物的原则是:谋求内心的纯朴,而不是追求外在的物质享受。所以要取消后者,采取前者。

第十三章　宠辱若惊

【章旨】

　　本章说明宠辱若惊的根本症结，都是由于自己的私心太重所致。因此老子提出"吾所以有大患者，为吾有身，及吾无身，吾有何患"的基本哲学。进而说明欲王天下的志士们，所谓"贵以身于天下"的最大认识，必须以爱己之心，来珍惜呵护人民。只有发挥对全人类的大爱，才能担当大任。

【原文】

宠辱若惊；大患有身①。何谓宠辱若惊？宠为上，辱为下②；得之若惊，失之若惊③。是谓宠辱若惊。何谓大患有身？吾所以有大患者，为吾有身④；及吾无身⑤，吾有何患！

　　　　　gù　guì　yǐ　shēn　yú　tiān　xià　zhě　　zé　kě　yǐ　jì　tiān
　　　　故 贵 以 身 于 天 下 者， 则 可 以 寄 天
xià　yǐ　　　ài　yǐ　shēn　yú　tiān　xià　zhě　　zé　kě　yǐ　tuō　tiān
下 矣； 爱 以 身 于 天 下 者， 则 可 以 讬 天
xià　yǐ
下 矣⑥。

【音韵】

　　本章头八句押"惊"字韵（其中有两句不入韵）。三句"宠辱若惊"皆句中自为韵，即"宠""惊"为韵。"吾所以有大患者，为吾有身；及吾无身，吾有何患"，此为抱韵：第一句和第四句押"患"字韵；第二句和第三句押"身"字韵。最后四句押"下"字韵。

【注释】

　　①"宠辱若惊；大患有身"，各本包括帛书和傅奕本，皆作"宠辱若惊；贵大患若身"。高亨说："此句义不可通。疑原作'大患有身'，'贵'字涉下文而衍。王弼注：'故曰大患有身也'。是王弼本原无'贵'字。河上公注：'贵，畏也'。是河上公本原有'贵'字。今王本亦有'贵'字者，后人依河上公本增之耳。"宠辱若惊：指人受到宠爱或羞辱就会产生惊喜或不安。若，副词，就。惊，由于突然来的刺激而精神紧张。其情况有二：一是惊喜，一是惊慌。身：代指自己或自己的私心，不是指肉体或躯体。

　　②"宠为上，辱为下"，王弼本、傅奕本作"宠为下"，河上公本作"辱为下"，陈景元本、李道纯本皆作"宠为上，辱为下"。俞樾认为，"当云：'何谓宠辱若惊？宠为上，辱为下'，陈景元、李道纯本均作'何谓宠辱若惊？宠为上，辱为下'，可以订正诸之误"。宠为上：以得宠为高上。辱为下：以受辱为卑下。

　　③之：代指宠辱。失：失去，去掉。

④ 为：因为，表示动作行为的原因。

⑤ 及：如果，假设之词。

⑥ "故贵以身于天下者，则可以寄天下矣；爱以身于天下者，则可以讬天下矣。"各本皆作"故贵以身为天下，若可寄天下；爱以身为天下，若可托天下"。马叙伦说："作'于'与《庄子》同。而《庄子》兼有'于''为'二者，王念孙谓'于'即'为'也，《庄子》本作'于天下'，后人依《老子》旁注'为'字，而写者因误合之也。"此外，其他各本及他书所引还有一些参差，如有的无两"者"字、两"矣"字；有的两"则"字作"若"，或作"焉"，或作"乃"；有的上句是"寄"字、下句是"讬"字，有的相反；帛书甲本和乙本，除个别异体字外与通行王弼本相同，即与傅奕本相较少两"者"字、两"矣"字。此等参差，无关宏旨，也难以考定何者确是《老子》故书，故从傅奕本。贵以身于天下者：即以身贵于天下的人。贵，重视，尊重。于，同，介词。则：副词，表示承接关系，相当于"就"。寄：给予。爱以身于天下者：即以身爱于天下的人。讬：同"托"，托付。

【译文】

受到宠辱就会感到惊喜和不安，大患是因为有私心。

为什么说受到宠辱就会感到惊喜和不安？因为把宠看得太高上，把辱看得太卑下，所以得宠就感到惊喜，失宠就感到不安，受辱就感到不安，洗刷了耻辱就感到惊喜，这就是宠辱若惊。为什么说大患有身？我所以有大患，是因为我有私心，如果我没有私心，那还有什么祸患呢！

所以能像重视自己一样重视天下的人，才可以把天下交给他；像爱自己一样爱天下的人，才可以把天下托付给他。

第十四章　视之不见

【章旨】

　　本章是对道体及其作用的论述。一是用"夷""希""微"三个字来形容"道"的不可见、不可闻、不可触,最具认识的视觉、听觉、触觉都无法感知这个"道",说明"道"具有超越感性认识的特征。二是说明了认识的极限。庄子在《齐物论》中说,古时候的人,给"知"设定了一个极限,即宇宙在万物产生之前是什么样子,就是"知"的极限。因为"知"到这里已经到达尽头了,再不能增加什么了,所以就不再去追问为什么会有"道","道"的来源在哪里,"道"产生万物的原因等,只承认这是自然而然的,这就叫作对"道"的了解。三是说明"道"是万物的本原,"道"作用于物所显现的规律为人们所遵循。

【原文】

视之不见,名曰夷①;听之不闻,名曰希②;搏之不得,名曰微③。此三者不可致诘,故混而为一④。

一者，其上不皦，其下不昧⑤。绳绳兮⑥，不可名，复归于无物⑦。是谓无状之状，无象之象，是谓惚恍⑧。迎之不见其首，随之不见其后⑨，执古之道，以御今之有⑩；以知古始，是谓道纪⑪。

【音韵】

"视之不见，名曰夷；听之不闻，名曰希；搏之不得，名曰微"，"夷""希""微"为韵，三字入微部。"此三者不可致诘，故混而为一"，"诘""一"为韵，二字入质部。"其上不皦，其下不昧。绳绳兮，不可名，复归于无物"，"皦""昧""物"为韵，三字皆入物部。"是谓无状之状，无象之象，是谓惚恍"，"状""象""恍"为韵，三字入阳部。"迎之不见其首，随之不见其后"，"首""后"为韵，"首"入幽部，"后"入侯部，两者为邻近韵，可以押韵。"执古之道，以御今之有；以知古始，是为道纪"，"有""始""纪"为韵，三字皆入之部。还有三句皆句中自为韵："搏之不得"，"搏""得"为韵，二字入之部；"无状之状"，"状""状"为韵；"无象之象"，"象""象"为韵；"状""象"入阳部。

【注释】

① "视之不见,名曰几",现存傅奕本、王弼本、河上公古本"几"作"夷"。作"夷"乃后人所改。马叙伦说:"作'几'于义为长。"按:《老子》原本当作"几",理由有二:(一)从义理上分析,《说文》:"几,微也",傅奕注:"几者,幽而无象也",盖从微意引申而来。"幽而无象"正与"视之不见"相应。"夷"训"平"训"灭",作"夷",则语义不通。(二)从音韵上看,"几"与下句的"希""微"押韵,三字皆入微部,"夷"入脂部,与"希""微"不押韵。有此两条,可证《老子》原本必作"几"不作"夷"。之:代指道,可译为"它"。几:隐微,形容无象。

② 希:《释文》:"希,静也。"形容无声。

③ 搏:抚摸。微:《小尔雅·广诂》:"微,无也。"形容无形体。

④ "此三者":指"几""希""微"。不可致诘:不可追根究底。诘,追问。故:通"固",原来、本来。

⑤ "一者",通行本无"一者"二字,帛书甲本、乙本和傅奕本皆有。马叙伦说:"《文选·头陀寺碑文》注引有'一者'二字。"有"一者"二字,语义明确。一:指道。其:代指一。上、下:在这里不是指空间位置,而是指时间序列。"其上"是说在有道以前;"其下"是说道生天地以后。曒:明亮。昧:昏暗。

⑥ 绳绳:没有边际,连续不断。成玄英疏:"绳绳,运动之貌也。"蒋锡昌说:"'绳绳'犹'芸芸',谓道生万物,纷纷不绝也。"

⑦ 不可名:即不可名状。名,称说、名义。无物:指"道"。

⑧ "无象之象",河上公本、王弼本及其他通行本皆如此,帛书甲本和乙本、傅奕本、《老子想尔注》本作"无物之象"。按与"无状之状"一律,应作"无象之象"。之:助词,的。惚恍:似有似无、模糊不清。

⑨ 句中的两"之"字,两"其"字均代指道。

⑩ 以御今之有:能治理好今日之天下。以,动词,可,能够。御,治理,统治。有,通"域",地域、州域。

⑪ 以知古始:能够知晓物质世界的开始。以,能够,动词。纪:同"基",

基础、根本。

【译文】
　　看它看不见形象,把它叫作"几";听它听不到声音,把它叫作"希";摸它摸不着形体,把它叫作"微"。这三种情况不可追问,它本来就是一体的。
　　道这个东西,它的上边是不明的,它的下边是不暗的。道产生万物纷纷不绝啊!这个过程不可名状,一切的运动都会还回到不见物体的状态。这就叫没有状态的状态,没有形象的形象,这就是惚恍。
　　迎接它,看不见它的前头;随着它看不见它的背后。掌握古已存在的道,就可治理好今日之天下;能知物质世界的开始,这是道的根基。

第十五章　古之善为上者

【章旨】

　　本章是对得道之人举止行为及精神境界的描写，旨在教人要以此为法，不断完善自己的人格修养。

【原文】

　　古之善为上者①，微妙玄通，深不可测②。夫唯不可测，故强为之容③：豫兮，若涉大川④；犹兮⑤，若畏四邻；俨兮，其若客⑥；涣兮，若冰之释⑦；澹兮，其若海，飂兮，若无止⑧；敦兮，其若朴⑨；混兮，其若浊⑩；旷兮，其若谷⑪。孰能晦以理之，徐明⑫；孰能浊以静之，徐清；孰能安以动之，徐生。保此道者不欲盈⑬。夫唯不盈，故能敝而新成⑭。

【音韵】

"古之善为上者，微妙玄通，深不可测。夫唯不可测，故强为之容"，第三句和第四句押"测"字韵，"测"入职部；第五句句尾"容"字与第二句的"通"遥相为韵，即江永所谓的"遥韵"。"豫兮，若涉大川，犹兮，若畏四邻"，"川""邻"为韵，二字入元部。"俨兮，其若客；涣兮，若冰之释；澹兮，其若海；飂兮，若无止"，"客""释""海""止"为韵，"客""释"入职部，"海""止"入之部，职部、之部为邻近韵，两者可以相谐。"敦兮，其若朴；混兮，其若浊；旷兮，其若谷"，"朴""浊""谷"为韵，三字皆入屋部。"孰能晦以理之，徐明；孰能浊以静之，徐清；孰能安以动之，徐生。保此道者不欲盈。夫唯不盈，故能敝而新成"，"明""静""清""动""生""盈""成"为韵，"静""清""生""盈""成"五字皆入耕部，"动"字入东部，东部、耕部为邻近韵，可以谐韵。"明"字通常入阳部，按公认的观点，与"动""清"等字押韵，为东阳合韵或耕阳合韵。有些通常入东部的字，在楚音中入阳部，此处与"明"押韵的几个入耕部和东部的字也可读入阳部。

【注释】

①"古之善为上者",河上公古本、《老子想尔注》本、王弼本作"善为士者",傅奕本、帛书乙本作"善为道者",俞樾说:"河上公注曰:'谓得道之君也。'则'善为士者',故以'得道之君'释之。'上'与'士'形似而误耳。"上者:修道有所成就的人。上,指"道"。

②"深不可测"及下句的"夫唯不可测",傅奕本、河上公古本、王弼本"测"作"识",帛书甲本、乙本作"志",范应元本作"测",劳健从之。他说:"《淮南子·原道训》《主术训》皆有'深不可测'之文,高注'度深曰测,一曰尽也',他如《吕氏春秋·论人篇》'阔大渊深不可测也',《管子·九守篇》'深渊度之,不可测也';此盖古之恒言,宜如范本义长。"劳健所说有理。作"测"作"识"皆通,但作"深不可测"于义较长。测:猜度,推测。

③夫唯:因为。夫,发语词。容:容貌。

④豫:迟疑、慎重。兮:语气词,表示停顿或舒缓,往往带有抒发情感的作用,相当于今的"啊""呀"之类。"若涉大川",各本皆作"若冬涉川"。奚侗说:"涉川不必因冬而慎。疑《老子》原文必作'涉大川',作'涉大川'与'畏四邻'相偶。"若:好像、如同。涉:徒步过河。

⑤犹:小心谨慎。犹即犹狲,猴子一类的动物。犹在出动或下树之前,一定先把四面八方的动静看得一清二楚,觉得没有危险时,才敢有所行动。

⑥俨:《尔雅·释诂》曰:"俨,敬也。"其:是,副词。

⑦"涣兮,若冰之释",各本作"涣兮,若冰之将释",高亨说:"'将'字疑衍。《说文》:'涣,流散也。释,解也。'冰释而后涣然流散,若冰将释,仍在凝结,安能涣哉?故有'将'字其文不通矣。《文子·上仁篇》引作'涣兮其若冰之液',是《老子》古本原无'将'字之证。"帛书甲本、乙本正无"将"字。涣:流散、离散。释:消解、融化。

⑧"澹兮,其若海;飂兮,若无止"原在二十章,义理不相属,韵律也不协调,显系错简,移至此处,与"俨兮,其若客;涣兮,若冰之释"句法一律,"海""止"与"客""释"为韵,且义理亦甚条贯。澹:《释

文》："澹，恬静也"。飂：阴凉。《说文》："飂，高风也。"《淮南子·览冥训》："故至阴飂飂，至阳赫赫。"释为阴凉，正好与上句恬静相配。止：停止的意思。

⑨ 敦：淳厚。朴：未经雕琢的木材。

⑩ 混：混沌。浊：浑浊。

⑪ 旷：广阔、广大。

⑫ "孰能晦以理之，徐明"，各本皆缺。劳健说："按王弼注'夫晦以理物则得明，浊以静物则得清，安以动之则得生，此自然之道也。孰能者，言其难也。徐者，详慎也'云云，可证原有此句，义与上文'敦兮其若朴'相承，又与'徐清''徐生'二字押韵。夏竦《古韵文》引《老子》有'理'字，殆即出此句。"孰：谁，疑问代词。晦：昏暗不明。理：修习、练习。徐：慢、缓慢。

⑬ 保此道者：保持这种处世之道的。"此"，代指上面的人或事。盈：满。

⑭ 敝：破旧。

【译文】

古时有道的人，细微深邃而通达，一般人很难看得出来。正因为难以看得出来，所以勉强地来描写他：谨慎啊，好像徒步过江河；小心啊，好像畏惧四邻；恭敬啊，好像是作客；慢慢舒散啊，好像冻冰在融化；恬静啊，好像大海；阴凉啊，好像不停止；敦厚啊，好像未经雕琢的木材；混沌啊，好像浑浊的水；空旷啊，好像幽深的山谷。谁能够在这晦暗的世界里慢慢修习到明了宇宙的真相；谁能够在这浊世中慢慢稳定下来，使自己的身心清静；谁能够在安静中慢慢动起来，使自己新的生命起升。保持这种为人处世之道的人，总的来说是不求满盈。正因为不求满盈，所以陈旧了即刻能成为新颖。

第十六章 致虚极

【章旨】

本章继上章进一步讲修道的要点及其效果,中心是一个"静"字。老子认为只有"静"才可以通神明,增认识,明事理。

【原文】

致虚极,守静笃①。万物并作,吾以观其复②。夫物芸芸,各归其根③。归根曰静,静曰复命,复命曰常④。知常曰明,不知常,妄作凶⑤。知常容⑥,容乃公,公乃全⑦,全乃天,天乃道,道乃久,没身不殆⑧。

【音韵】

本章句句为韵。"致虚极,守静笃","极""笃"为韵,"极"入职部,"笃"入鱼部,此为职鱼合韵。"万物并作,吾以观其复","作""复"为韵,"作"入铎部,"复"入觉部,此为铎觉合韵。"夫物芸芸,各归其根","芸""根"为韵,二字入文部。"归根曰静,静曰复命","静""命"为韵,二字入耕部。"复命曰常。知常曰明,不知常,妄作凶。知常容,容乃公","常""明""常""凶""容""公"六字为韵,前三字入阳部,后三字入东部,现在公认的看法,这是东阳合韵,并认为是楚音的特点。"公乃全,全乃天","全""天"为韵,"全"入元部,"天"入真部,此为真元合韵。"天乃道,道乃久,没身不殆","道""久""殆"为韵,"道"入幽部,"久""殆"入之部,此为之幽合韵。"复命曰常"不与上文押韵,而与下文押韵,这是文义句与音节句不一致,互相参差的续韵例的特点。

【注释】

① 致:达到。极:顶点、最高。静:心地纯净无杂念。笃:牢固。

② 并:副词,一起、一并。作:动词,产生、兴起。以:介词,用。观:看,观看。其:代指万物。复:回归、返回。

③ 芸芸:众多的样子。根:本根,这里指"道"。

④ 曰:同"则",就。复命:复归本性。卢育三说:"'命',《左传·成公十三年》:'民受天地之中(中和之气)以生,所谓命也。'《礼记·中庸篇》:'天命之谓性。'命是万物得以生的东西,在中国哲学中,命与性内容是基本一致的,所不同的是在天曰命,在物曰性。在这里,'命'指作为生生之源的道。'复命'即又回归到万物的生生本原。"(《老子释义》)。常:本质,《广雅·释诂三》:"常,质也。"宇宙生命的本根——"道",原本就是清虚、空无一物的,它所赋予人的本性也是清静的。

⑤ 妄作:无知而胡为。凶:祸殃。

⑥ 容:高亨解释说:"容,通也,圣也。""圣通",即通达事理。

⑦ "公乃全",各本皆作"公乃王"。劳健考证说:"'知常容,容乃公',以'容''公'二字为韵。'天乃道,道乃久',以'道''久'为韵。独'公乃王,王乃天'二句韵相远。'王'字义本可疑。王弼注此二句云:'荡然公平,则至于无所不周普也。无所不周普,则乃至于同乎天也。''周普',显非释'王'字。"今从劳健校改。乃:副词,就。全:周全、普遍。

⑧ 没身:终生。殆:危险。

【译文】

力求达到非常虚寂的状态,努力固守十分清静的心境。万物蓬勃生长,我以虚静的心观照它们返复:万物纷纷芸芸,最后各自又返回到了它的本根。回归本根就是静,静就是回归本性,回归本性就是回归本原。知道人心原本是清静的,那就成了明白人,不知本性(清静),妄作胡为,必然大凶大害。知道本性(清静),就通达了,通达就公平了,公平就周全了,周全就合乎天了,合乎天就合乎道了,合乎道就能长久,一辈子也不会遭遇危险。

第十七章 太上

【章旨】

本章是讲道的自然性及其功用。人们之所以对道有怀疑，主要是因为有形的东西能看得见，而大道的功用是看不见的。

【原文】

太上，下知有之①；其次亲之誉之；其次畏之②，侮之。信不足焉，有不信焉。悠兮，其贵言③。功成事遂④，百姓皆曰我自然⑤。

【音韵】

"太上，下知有之；其次，亲之誉之；其次畏之侮之"，"有""誉""侮"为韵，"有""侮"入之部，"誉"入鱼部，此为之鱼合韵。又，三"之"字亦入韵，构成"富韵"。其下四句一韵到底："焉""焉""言""然"为韵，四字皆入元部。

【注释】

① 太上：最高、最上的。这里指"道"。下：指"知有之"的人们，按后文这些人就是"百姓皆曰我自然"的百姓中的人。之：第三人称代词，它。

② 其次：在这里是价值等级（即人的禀赋有上、中、下之别）的排列，不是时间先后的排列。誉：称颂，赞美。

③ 畏：敬畏。侮：侮辱。

④ 焉：句尾助词，的。

⑤ 悠：闲适的样子。其：代指道。贵言：形容"道"不发号施令，默默无言使老百姓不知不觉地受到恩赐。

⑥ 遂：成功、成就。

⑦ 我：泛指自己的一方。自然：本来如此、自己如此。

【译文】

道，有人知晓它的存在；有的虽不知，但接近它、赞美它；有的也许不信，但却敬畏它；有的不但不信，还侮辱它。（总之），有些人信得不彻底，有些人根本就不信。道悠闲自在啊！从不发号施令，事情做成功了，百姓都说本来就是这样的。

第十八章 大道废

【章旨】

本章是讲社会历史哲学。老子认为清明的社会政治制度不遭到破坏，就不会出现诸如"仁义""大伪""孝慈""忠臣"的现象。这也就是说，社会一旦崇尚仁义道德，这个社会也就不淳厚了。这里，老子表达了一个看似相反、实则相成的统一辩证关系。

【原文】

大道废，有仁义①；智慧出，有大伪②；六亲不和，有孝慈③；国家昏乱，有忠臣④。

【音韵】

"大道废，有仁义；智慧出，有大伪；六亲不和，有孝慈"，"义""伪""慈"为韵。这三个语法句，皆偶句与偶句为韵。"国家昏乱，有忠臣"，高本汉说："乱""臣"为韵，"乱"入元部，"臣"入文部。《诗经》有真文合韵例、真元合韵例，而无元文合韵例，元部、文部字韵尾相同，所以是可以谐韵的。

【注释】

①大道：此处"大道"是指社会秩序，即政治之道，不是宇宙本体之道，宇宙本体之道是不会被废的。

②伪：奸诈、不诚实。

③六亲：父、子、兄、弟、夫、妇。孝慈：下敬上谓孝，上施爱于下谓慈。

④昏乱：政治黑暗，社会混乱。

【译文】

大道废弃，于是有了仁义；智慧出现，于是有了诈伪；六亲不和，于是有了孝慈；国家昏乱，于是有了忠臣。

第十九章 绝智弃辩

【章旨】

本章是对前章所说的"智慧出,有大伪"等社会病象开出的治世之方,一是社会环境的治理,二是人心的治理,用今天的话说就是政治生态文明建设。

【原文】

绝智弃辩,民利百倍①;绝伪弃诈,民复孝慈②;绝巧弃利,盗贼无有③。此三者,以为文不足,故令有所属④:见素抱朴⑤,少思寡欲⑥,绝学无忧⑦。

【音韵】

"绝智弃辩,民利百倍;绝伪弃诈,民复孝慈;绝巧弃利,盗贼无有"，"倍""慈""有"为韵，即偶句为韵，三字皆入支部。"此三者，以为文不足，故令有所属，见素抱朴，少思寡欲，绝学无忧"，"者""足""属""朴""欲"为韵。按王力上古韵部，"足""属""朴""欲"皆入屋部，"者"入鱼部，屋部与鱼部为邻近韵，两者可以通谐。但"忧"字亦入韵。高亨说："足属欲在古韵侯部，忧在古韵幽部，二者往往通谐。"

【注释】

① "绝智弃辩"，传世各本皆作"绝圣弃智"。陈鼓应说："郭店简本作'绝智弃辩'，为祖本之旧，当据改正。通观《老子》全书，'圣人'一词共三十二见，老子以'圣'喻最高人格修养境界，而通行本'绝圣'之词，则与全书积极肯定'圣'之通例不合。'绝圣弃智'一词，见于《庄子》《胠箧》篇，传抄者据以妄改所致。《老子》八章主张人与人交往要尚仁（'与善仁'），可见老子并无弃绝仁义之说。"绝：断绝，不要。智：即"智慧出，有大伪"之"智"。弃：抛弃、放弃。辩：狡辩。利：意动词，对……有利。

② "绝伪弃诈"，传世各本皆作"绝仁弃义"。陈鼓应说："郭店简本作'绝伪弃诈'，为祖本之旧，当据改正。《庄子·胠箧》有'攘弃仁义'之说，由此可窥见原本'绝伪弃诈'被臆改为'绝仁弃义'。"

③ 巧：巧言、虚浮不实。利：贪利。盗：偷盗。贼：伤害。

④ 此三者：指"智辩""伪诈""巧利"。以：把，介词。文：法令条文。不足：不够。令：使、让。属：从属、归属。

⑤ 见素抱朴："见"，显示；"素"，质朴，朴素；"朴"，本真，本性。抱：持守。

⑥ 少思寡欲：各本作"少私寡欲"。刘师培说："'私'字当作'思'。《韩非子·解老篇》曰：'凡德者以无为集，以无欲成，以不思安，以不用固。''思欲'并言。又《文选》谢灵运《邻里送方山》诗李注引老子曰'少思寡欲'，此古本作'思'之证。""少思寡欲"释德清解释说："因世人不知朴素浑全之道，故逐于外物，故多思多欲。今既去华取实，故令世人心志有所系属于朴素之道。若人人果能见素抱朴，则自然少思寡欲矣。"

⑦ 绝学无忧：各本皆列此句为下章之首句，前人考订，应属此章。绝

学无忧，即达到道的境界而无忧无虑地生活。

【译文】
　　抛弃心计和狡辩，对人们的和谐生活会更加有利；抛弃虚伪和欺骗的行为，人们可以恢复孝慈的天性；抛弃巧言和贪利之心，就不会有作奸犯科和伤害他人的事情发生。
　　以上三者作为治理的法则还不够，还必须使人们在思想上有所归属，要使他们呈现质朴，保持本性，减少私欲，达到最高的精神境界而无忧无虑地生活。

第二十章　唯之与诃

【章旨】

　　本章承前章"治国之道"言"修己之法"，即个人最高的修养标准。以有道之人独白的方式，通过与众人的对比，展示出有道之人"少思寡欲，绝学无忧"的精神境界。

【原文】

　　唯之与诃，相去几何①？美之与恶，相去何若②？人之所畏，亦不可不畏③！

　　众人熙熙④，如享太牢⑤，如登春台。我独泊兮，其未兆⑥；荒兮，其未央⑦；沌沌兮，如婴儿之未孩⑧；累累兮，若无所归⑨。众人皆昭昭，我独昏昏⑩；众人皆察察，我独闷闷⑪；众人皆有余，我独若遗；众人皆有以，我独顽以鄙⑫；众人皆有异，我独贵德母⑬。

【音韵】

　　"唯之与诃，相去几何"，"诃""何"为韵，二字皆入歌部。"美之与恶，相去何若"，"恶""若"为韵，二字皆入铎部。"人之所畏，亦不可不畏"，押"畏"字韵，"畏"字入微部。"众人熙熙，如享太牢，如登春台"，"熙""台"为韵，"熙"入支部，"台"入之部，二者为邻近韵，可以通谐。"我独泊兮，其未兆"，"泊""兆"为韵，"泊"入鱼部，"兆"入宵部，鱼宵可以通谐。"荒兮，其未央"，"荒""央"为韵，二字皆入阳部。"沌沌兮，如婴儿之未孩，累累兮，若无所归"，"沌""累""归"为韵，"累""归"入微部，"沌"入文部，二者为邻近韵，可以谐韵。"众人皆昭昭，我独昏昏；众人皆察察，我独闷闷"，"昏昏"与"闷闷"为韵，"昏""闷"皆入文部，二"皆"字亦可入韵。"众人皆有余，我独若遗"，"余""遗"为韵，"余"入鱼部，"遗"入物部（又入微部），鱼部与物部为邻近韵，可以通谐。"众人皆有以，我独顽以鄙；众人皆有异，我独贵德母"，"以""鄙""异""母"为韵，四字皆入之部。但王力《上古韵部及常用字归部表》，"异"字入职部。

【注释】

①石田羊一郎说:"此章错简殊多。"高亨也说:"本章文句颇多窜乱,无可謷正。"傅奕本、帛书亦如此,盖在战国已然。古棣说:"马叙伦、高亨、石田羊一郎皆有所校正。兹酌采其说,参以己意,校正如上。校正后,文从字顺,义理条贯,合辙押韵。"唯:奉承,指夸赞人的好话。诃:责怒,指批评人的不好听的话。几何:代词,多少。

②恶:丑。何若:代词,表示疑问,与"几何"的意思相同。

③人之所畏,亦不可不畏:"畏",敬畏、敬服。意思是,众人所敬畏的,也不可不敬畏。

④熙熙:和乐的样子。

⑤太牢:古代祭祀宴会时,牛、羊、豕三牲具备为太牢。这里是指丰盛的宴席。

⑥泊:恬静,淡然。其未兆:而不分那么清楚。其,连词,相当于"而"。未,副词,表示否定,"不"的意思。兆,《说文》:"兆,分也。"

⑦荒:空远。央:中心点。

⑧沌沌:混沌不明的样子。未孩:不会笑的婴儿。孩,同"咳",《说文》:"咳,小儿笑也。"

⑨累:堆积,积聚。若:好像。归:归属,属于。

⑩昭昭:明明白白的样子。昏昏:糊糊涂涂的样子。

⑪察察:清清楚楚的样子。闷闷:浑浑噩噩的样子。

⑫众人皆有以:"以",伪河上公注:"以,有为也。"我独顽以鄙:顽,《广雅·释诂》:"顽,钝也。"以,同"而",表示顺承关系。鄙,浅陋。

⑬异:《说文》:"异,举也。"德母:即得道,德,同"得"。元代理学家吴澄说:"我之所贵者,则大道之玄德也。玄德者,万物资之以养,所谓万物之母也。"

【译文】

奉承的话与逆耳的话,相差多少?美与丑,又相差多少?众人所敬畏的，有道之人也不能不敬畏！

众人都兴高采烈，好像去享受丰盛的宴席，好像春天去登台观看美景。我却独自恬静啊，不去区分利害是非那些差别；精神广远啊，而没有主观上的执着；混混沌沌啊，好像还不会笑的婴儿；如堆积的小土山啊，好像无所归属。众人都明明白白，我却独自糊糊涂涂；众人都清清楚楚，我却独自浑浑噩噩；众人都有剩余，我却独自没有遗留；众人都有所作为，我却独自愚钝而浅陋；众人都喜欢别人抬举自己，我却独自以得道为贵重。

第二十一章 孔德之容

【章旨】

本章是对道的物质性的深刻论述，代表了两千五百年前中外哲学的最高水平。老子指出，万物由道而生，道又存在于万物之中。具体事物的属性就是德，即得于道。所以老子说："孔德之容，惟道是从。"

【原文】

孔德之容，惟道是从①。道之为物②，惟恍惟惚③。恍兮，惚兮，其中有物；惚兮，恍兮，其中有象④；幽兮，冥兮⑤，其中有情，其情甚真，其中有信⑥。自今及古，其名不去，以阅众甫⑦。

wú hé yǐ zhī zhòng fǔ zhī rán zāi　　yǐ cǐ
吾何以知众甫之然哉？以此⑧。

【音韵】

　　"孔德之容,惟道是从","容""从"为韵,二字入东部。"道之为物,惟恍惟惚。恍兮,惚兮,其中有物","物""惚""惚""物"为韵,"惚""物"二字入物部。"惚兮,恍兮,其中有象","恍""象"为韵,二字皆入阳部。"其中有情,其情甚真,其中有信","情""真""信"为韵,"真""信"二字入东部,"情"入耕部,此为真耕合韵。"自今及古,其名不去,以阅众甫","古""去""甫"为韵,三字皆入鱼部。"吾何以知众甫之然哉？以此","哉"入之部,"此"入支部,此为之支通韵。

【注释】

　　①孔德：即大德或盛德。孔,盛、大的意思。《老子》书中的"德"字,基本上有二义：（一）为品德,按照道行动即为"上德",亦即得道,违背道的,就叫"下德","下德"也就是"无德"（三十八章）。（二）为道的作用,即道为德之本,德为道之用。如"道生之,德畜之"（五十一章）。这里的"德"是指道的作用,其作用是使物发育成长,虽分别言之,实际上是统一于道。容：法式、样式。惟道是从：完全依从道。惟,助词,有加强语气的作用。是,指示代词,复指提前的宾语"道"。从：依从。

　　②为：这里作动词用,"创造"的意思。

　　③恍,惚：模模糊糊,看不真切。

　　④"恍兮,惚兮,其中有物；惚兮,恍兮,其中有象",帛书甲本、乙本和傅奕本以及通行各本皆作"惚兮,恍兮,其中有象；恍兮,惚兮,其中有物"。俞樾说："'惚兮,恍兮'二句当在'恍兮,惚兮'二句之下。盖承上'惟恍惟惚'之文,故先言'恍兮,惚兮,其中有物',与'道之为物,惟恍惟惚'四句为韵。下文'惚兮,恍兮,其中有象',乃始变韵也。王弼注曰：'万物以始以成而不知其所以然。故曰恍兮惚兮,惚兮恍兮,

其中有象也。'注文当是全举经文，而夺'其中有物'四字，然据此可知王氏所见本，经文犹未倒也。"按：俞说是。其：代指惚恍状态。象：形象，有形可见之物。

⑤"幽兮，冥兮"，傅奕本、范应元本如此。通行本"幽"字作"窈"，帛书乙本作"幼"。马叙伦说："幽，窈声并幽类通假，字当作窈。"按："幼"字也入幽部，当可与"幽"通假。《说文》："幽，隐也。""冥"，昏暗不明。"幽兮，冥兮"即幽隐，昏暗不明之义，正与上文"恍惚"即见不真切吻合。《说文》："窈，深远也"。如本字为"窈"，解"幽冥"为深远、昏暗不明，则嫌迂曲，老子形容"一"没有说其深远的。"幽"字当是本字，"窈""幼"为假借字。

⑥"其中有情，其情甚真"，通行本皆作"其中有精，其精甚真"。高亨说："精当作为情。《庄子·德充符》：'夫道有情有信，无为无形，可传而不可受，可得而不可见'，庄子'有信'即此章下文之'有信'，则庄子'有情'，即此章之'有精'矣。精情古通用。"其：代指幽冥状态。情：真实、实在。

⑦"自今及古"，傅奕本、范应元本、王弼古本（据范应元引）、帛书甲本和乙本皆如此，通行本皆作"自古及今"。作"自今及古"还是作"自古及今"与义无别，但从音律考虑，"古"与"去""甫"为韵，可知作"自今及古"当为《老子》原貌，如作"自古及今"则失韵。其：代指道。名：功用。《广韵·清韵》："名，功也。"不去：永远不会消失。以：连词，因为。阅：出、产生。众：众多，指的是万物。甫：开始、起初。《说文》："甫，以男子始冠之称，引申为始也。"

⑧然哉：表示状态。以：依据。此：代指道。

【译文】

大德的样式，是完全依从道的。

道创造万物的过程是恍恍惚惚、见不真切的。恍恍惚惚啊，在这种状态中有了物；惚惚恍恍啊，在这种状态中有了象；昏昏暗暗啊，其中有了实在的东西，这个实在的东西是真实的，是可信的。

自今及古，道的功用永远不会消失，因为它是产生万物的本原。我是怎么知道万物的来龙去脉的呢？就是依道而知。

第二十二章　曲则全

【章旨】

本章是讲道的作用。老子从观察世界事物的发展变化中，揭示出"曲则全，枉则正，洼则盈，敝则新，少则得"五个客观法则，从而提出"抱一为天下式"的处世原则，旨在要人做事始终保持大全而不走向反面。

【原文】

曲则全①，枉则正②，洼则盈，敝则新③，少则得④。是以圣人抱一为天下式⑤。

不自见故明⑥，不自是故章⑦，不自伐故有功⑧，不自矜故长⑨。夫唯不争，故天下莫能与之争⑩。

古之所谓"曲则全"者，岂虚言也哉⑪！诚全而归之，常言自然⑫。

【音韵】

"曲则全，枉则正，洼则盈，敝则新"句句为韵，即"全""正""盈""新"为韵，"正""盈"入耕部，"全""新"入真部，耕真合韵乃上古通例。"少则得。是以圣人抱一为天下式"，"得""式"为韵，二字入职部。"少则得"不与上句押韵，而与下句押韵，这是音节和语句的参差，即所谓"续韵"。"不自见故明，不自是故章，不自伐故有功，不自矜故长"，亦句句为韵，即"明""章""功""长"为韵，"功"字通常入东部，"明""章""长"入阳部，公认的说法，这是东阳合韵，实际上在楚音中"功"字入阳部。"夫唯不争，故天下莫能与之争"，两句一韵，"争"字入耕部。"古之所谓'曲则全'者，岂虚言也哉！成全而归之，常言自然"，"全""言""然"为韵，"全"入真部，"言""然"入元部，此为真元合韵。真元合韵也是《诗经》的通例。

【注释】

① 则：副词，表示前后两件事有因果、条件关系，"必然"的意思。

② "枉则正"，河上公本、今王弼本"正"作"直"。傅奕本、范应元本作"正"，范注"正字，王弼同古本"；今王弼本作"直"，盖后人据河上公本所改。作"正"，与"全""盈""新"为韵，作"直"则失韵。枉：倾斜、歪斜。

③ 敝：破旧。

④ 在"少则得"之后，各本皆有"多则惑"三字，马叙伦说："《老子》本文当止'少则得'一句。'曲''枉''洼''敝''少'，词例皆就

常情所不喜者言之。'得''式'为韵，亦与上'全''正''盈''新'韵。后人欲其句法齐偶，妄加'多则惑'一句耳。"按：马说是。"曲则全，枉则正，洼则盈，敝则新"，都没有反过来说"全则曲，正则枉，盈则洼，新则敝"，内容一致，句法一律，"少则得"之后也不应有"多则惑"。"多则惑"费解，与上文不类。此句可能是后人作的体会性的注语。

⑤抱一：即抱道，亦即持守道。一，指的是道。这里说"抱一"不说"抱道"，乃在于强调道的整体特性。式：榜样、模范。

⑥见：同"现"，显露、显摆。故：副词，表示在某种条件或情况下怎么样，"就""便"的意思。明：明智、清楚。

⑦章：同"彰"，彰显。

⑧伐：夸耀、吹嘘。功：事业、功业。

⑨矜：骄傲、自满。长：尊敬、崇尚。

⑩夫：代词，代指圣人。唯：连词，表示因果关系，相当于"因为""由于"。故：所以，表示结论。莫：代词，表示无指，排除一切对象，没有人，没有谁。

⑪"岂虚言也哉"，傅奕本、范应元本如此，河上公本、王弼本无"也"字。按：以文气读之，作"岂虚言也哉"为长。岂：副词，表示反问，"难道"的意思。也哉：语气词连用，也，表示断定，哉，表示感叹或反问，相当于"呀""吗"之类。

⑫"常言自然"，由二十三章句首移来。此四字冠于二十三章之首，与下文不相连接，与该章内容无关，而移于此章，则义理通顺，且又与上句"言"字为韵，无此句则不韵。诚：副词，确实，的确。之：代指"全"。常言：恒常不变之言。自然：本来如此。

【译文】

委曲了就会保全，斜了就会直，洼了就会盈，旧了就会新，少了就会得。因此，圣人抱住独一无二的道作为天下的榜样。

不显摆自己就是明智，不固执己见就能彰显智慧，不自吹自擂就能成就大业，不自满自傲就会受人尊敬。正因为不争，所以天下没有人与他相争。

古人所说的"曲则全",难道是空话!的确能归到大全,这是永久不易之言。

第二十三章 飘风不冬朝

【章旨】

本章老子以天道喻人道，以自然说人事。既然天地所为的飘风、骤雨不能终朝终日，无法长久；那么人之非常行为乃至政治暴戾也将无法维持长久。只有效法自然之"道"、自然之"德"、自然之"天"，"天""德""道"才会帮助你。

【原文】

飘风不冬朝，骤雨不冬日①。孰为此者②？天地。天地为此尚不能久，而况于人乎③？故从事于道者④，同于道；于德者，同于德；于天者，同与天。同于道

者，道亦乐得之；同于德者，德亦乐得
之；同于天者，天亦乐得之⑤。

【音韵】

"飘风不冬朝，骤雨不冬日。孰为此者？天地"，"日""地"为韵，"日"入质部，通常"地"入歌部，但在楚音中"地"字入支部，支、质为邻近韵部，可以谐韵。此为偶句韵，而奇句不入韵。偶句与偶句为韵，《诗经》也有这种韵例（见王力《诗经韵读》第54页）。"天地为此尚不能久，而况于人乎"，"久""乎"为韵，"久"入之部，"乎"入鱼部，此乃之鱼合韵，《诗经》也有之鱼合韵的。"故从事于道者，同于道；于德者，同于德；于天者，同于天"，第一个分句，"道""道"为韵，"道"字入幽部；第二个分句，"德""德"为韵，"德"入职部；第三个分句，"天""天"为韵，"天"入真部。"同于道者，道亦乐得之；同于德者，德亦乐得之；同于天者，天亦乐得之"，此六句，句句为韵，"者"入鱼部，"之"入之部，此为之鱼合韵。

【注释】

① 在章首各本皆有"希言自然"一句，姚鼐认为此句当属上章，马叙伦、高亨诸家皆从之。高亨说："'希'当作'常'，常言正对虚言。""飘风不冬朝"，傅奕本、王弼本前有"故"字，河上公古本、《老子想尔注》本、帛书甲本和乙本皆无"故"字。高亨说："无'故'字，是也。后人误以'希言自然'一句冠此章之首，因增'故'字以联之，而不及文意之不相关也。"高说是。盖后人误把"自然"理解为自然界，从而联系到"飘风不冬朝，骤雨不冬日"等自然现象，而加"故"字。"冬朝""冬日"，帛书甲本和乙本皆同此；河上公本、王弼本及其他通行本皆作"终朝""终

日"。马叙伦说:"《说文》:'冬,四时尽也。'冬即冻本字。假借为四时尽之称,亦借为终始之终,今通用终。"飘风:旋风。朝:早晨。《左传·僖公二十七年》杜预注:"自旦至食时也。"骤雨:暴雨。

②孰:谁,疑问代词。为:动词,"使"的意思。此:代词,代指飘风和骤雨。

③况于:连词,表示进一层,相当于今所说的"何况"。乎:语气词,用在句末,表示反问,相当于"吗"。

④故:连词,所以。从:介词,寻求,表示经过的路线、场所。于:连词,表示联合,相当于"与"。

⑤得:得到、获得。之:代指"同于道"的人。

各本在本章最末还有"信不足焉,有不信焉"两句。马叙伦说:"此二句,疑一本有十七章错简在此,校者不敢删,因复记之,成今文矣。"帛书甲本和乙本十七章无此二句,证明马叙伦之说是正确的。

【译文】

旋风刮不了一早晨,暴雨下不了一整天。谁使它这样的?天地。天地使狂风、暴雨尚不能久,何况人呢?

所以求道的人,要与道相同;求德的人,要与德相同;求天的人,要与天相同。与道相同的人,道也乐意得到他;与德相同的人,德也乐意得到他;与天相同的人,天也乐意得到他。

第二十四章　企者不立

【章旨】

本章衔接上两章的内涵，以非自然的企者、跨者同样不能久为例，反过来说，凡是自见、自是、自伐、自矜者，也必然像飘风、骤雨、企者、跨者一样短暂而不能长久。从而得出"有道者不处""自知而不自见，自爱而不自贵"的行动结论。

【原文】

企者不立①，跨者不行②。自见者不明，自是者不章。自伐者无功，自矜者不长。其于道也③，曰余食赘行④，物或恶之，故有道者不处⑤。是以圣人自知而不自见，自爱而不自贵，故去去彼取此⑥。
bǐ qǔ cǐ

【音韵】

"企者不立，跨者不行。自见者不明，自是者不章。自伐者无功，自矜者不长。其于道也，曰余食赘行"，第一句不入韵，其下六句，句句为韵："行""明""章""功""长""行"六字押韵，通常"功"入东部，其余五字皆入阳部。按现在公认的说法叫作东阳合韵。实际上在楚音中"功"字也入阳部。"物或恶之，故有道者不处"，"恶""处"为韵，二字皆入鱼部。末三句相互不押韵。其中"自爱而不自贵"句中自为韵，"爱""贵"为韵，二字入物部；"去彼取此"亦句中自为韵，"彼""此"为韵，二字入支部。按雅音，"彼"入歌部，在楚音中亦入支部。又："余食赘行"不与本语法句韵，而与上文为韵，乃所谓"续韵"。

【注释】

①"企者不立"，"企"，河上公本作"跂"，唐玄宗以来，有四十五种版本作"跂"，盖沿袭河上公本。按：应作"企"。奚侗说："《说文》：'企，举踵也。'各本或误作'跂'。跂训足多指，与此谊不合。"企者：踮起脚跟的人。"企者不立"，不是说不能立，而是说立不稳、立不久。

②跨者不行：跨大步走路是走不远的。跨，抬起一只脚向前或向左右迈越。

③"其于道也"，傅奕本、王弼本、帛书本，"于"皆作"在"；范应元本作"于"，俞樾据王弼注推断王本原作"于"。按："于""在"义相通，但在此处作"于"为是。"其于道也"即它们对于道来说，作"在"不妥帖，盖因"于""在"义可相通而误。其：代词，代指上文的"自见""自是""自伐""自矜"。也：语助词，用在句末，表示确认。

④余食：残羹剩饭。赘行：即赘形，长在皮肤上的瘤子。

⑤物或恶之：这些东西是令人讨厌的。或，代词，代指上面的事。恶，

讨厌。之，语助词，的。不处：不会这样做。

⑥是以圣人自知而不自见，自爱而不自贵，故去彼取此：各本原无此三句，由七十二章移来。马叙伦校七十二章时说："此文与上文不相衔贯，疑当自为一章。""此文"确与七十二章内容风马牛不相及，但"自为一章"说不妥，不但内容太单薄，而且"是以"云云，明明上有所承。移于此章，则条理一贯。彼，指"自见""自贵"，此，指"自知""自爱"。

【译文】

　　踮起脚跟是站不稳的，跨大步是走不远的；自我表现是不聪明；自以为是是不能彰显智慧的；自我吹嘘是不能成就大业的；自我骄傲是不会受人尊敬的。这些行为对于道来说，叫做残羹剩饭和身上的赘瘤，人人都讨厌它。所以有道之人绝不会这样去做。因此，圣人有自知之明而不自我表现，自爱而不把自己看得特别高贵，所以要抛弃自见、自贵而采取自知、自爱。

第二十五章 有物混成

【章旨】

本章老子对道的特性予以高度概括，并通过对"道"的论述，教人要效法道的无私精神以成就自己。

【原文】

有物混成①，先天地生②。寂兮，寥兮③，独立而不改，周行而不殆④，可以为天地母。吾不知其名⑤，故强字之曰道，强为之名曰大⑥。大曰逝，逝曰远，远曰返⑦。

故道大，天大，地大，人亦大⑧。

域中有四大⑨，而人处其一焉⑩。人法地地，法天天，法道道，道法自然⑪。

【音韵】

"有物混成，先天地生"，"成""生"为韵，二字入耕部。"寂兮寥兮，独立而不改，周行而不殆，可以为天地母。吾不知其名，故强字之曰道"，"改""殆""母""道"为韵，前三字入之部，"道"字入幽部，此为之幽合韵。"强为之名曰大"，"大"字与下文五"大"字为隔句遥韵。"大曰逝，逝曰远，远曰返"，"远""返"为韵，二字入元部。"故道大，天大，地大，人亦大。域中有四大"，五"大"字为韵，"大"字入月部。"而人居其一焉。人法地地，法天天，法道道，道法自然"，"焉""天""然"为韵，"焉""然"入元部，"天"入真部，此为真元合韵。

【注释】

①物：客观存在的物质、物体。这里指"道"。混成：浑然天成，自然生成。

②先：先于、超越。

③寂：静，没有声音。廖：空旷，没有形体。

④殆：停止。

⑤其：代指"物"，可译为"它"。

⑥故强字之曰道，强为之名曰大："故强字之曰道"，王弼本作"字之曰道"，傅奕本作"强字之曰道"。按傅奕本符合《老子》原貌。作"字之曰道"，与下句"强为之名曰大"一律，从诗的整齐美来看，也应有"强"字。古代人既有名又有字，且互相训解。如孔子名丘，字仲尼；孟子名轲，字子舆；老子名耳，字聃。老子沿用这个习俗，"强字之曰道"，又"强为之名曰大"。"大"即是说道广大、伟大、包罗万象。

⑦大曰逝，逝曰远，远曰返：返，傅奕本、顾欢本、强思齐本、李荣本同，帛书及王弼本作"反"。作"返"于义为长，即返回原处，周而复始之意。曰，同"则"，"就""于是"的意思。逝，《尔雅·释诂上》："逝，往也"。这里是指"道"运行不息。远，无边无际。

⑧故道大，天大，地大，人亦大："人亦大"，王弼本作"王亦大"。奚侗说："作'王'，盖古之尊君者妄改之，非《老子》本文也……《说文》'大'字解云'天大，地大，人亦大'，则与《老子》文同，殆古语也。《老子》以道为天地万物之母，故先之以道大，若改'人'为'王'，其谊太狭。幸下文'人法地'人字未改，可资以证明。"

⑨域：指广大的宇宙领域。

⑩处：处所。其：代词，代指"道""天""地""人"四件事。焉：文言助词。

⑪这几句通常的断句是："人法地，地法天，天法道，道法自然。"惟唐李约《道德真经新注》断句作"王法地地，法天天，法道道，道法自然。"李约注说："王者，法地、法天、法道之三自然妙理，而理天下也，故曰'王（原作"人"，今改）法地地，法天天，法道道，道法自然。'言法上三大自然之妙理也。其义云'法地地'，如地之无私载；'法天天'，如天之无私覆；'法道道'，如道之无私生而已矣。如君君、臣臣、父父、子子。"李约断句及其注解，是很有道理的。盖后人由于断向不清，义理不明，三个"道"，连在一起难解而删一"道"字。自然：自己如此，即自成、自因、自本、自根。

【译文】

有一个浑然一体的东西，先于天地而存在。无声啊，无形啊，独立存在而永不改变自己，循环运行永不止息，可以说它就是天下万物的母亲。我不知它的名字，所以勉强给它起个字叫作"道"，勉强再给它起个名叫作"大"。"大"就是逝，逝就是远，远就是返。

所以说，道大，天大，地大，人也大。宇宙中有四大，而人占其一。人要效法地，效法天，效法道，道以自己为法则。

第二十六章　重为轻根

【章旨】

本章承上章对"人法地地，法道道"做引申说明。老子认为在"重与轻""静与躁"两个方面，"重"和"静"是主要的。并由此论述了修身的重要性，旨在使人们平日行事要戒骄戒躁，以免招致祸灾。

【原文】

重为轻根①；静为躁君②。是以圣人冬日行，不离辎重③。虽有荣观，宴处超然④。奈何万乘之主⑤，而以身轻于天下⑥？轻则失根，躁则失君。

【音韵】

本章皆两句一换韵。"重为轻根，静为躁君"，"根""君"为韵，二字入文部。"是以圣人冬日行，不离辎重"，"行""重"为韵，"行"入阳部，"重"入东部，此为东阳合韵。"虽有荣观，宴处超然"，"观""然"为韵，二字入元部。"奈何万乘之主，而以身轻于天下"，"主""下"为韵，"主"入侯部，"下"入鱼部，此为侯鱼通韵。"轻则失根，躁则失君"，"根""君"为韵，二字入文部。

【注释】

①重：厚重、分量大。为：是，表示判断。轻：轻率、轻浮。根：根本、基础。

②静：平静、不动。躁：急躁、不安。君：主宰。

③"是以圣人冬日行，不离辎重"，传世各本"冬"作"终"，帛书甲本作"众"，显然是误书；乙本作"冬"，当是《老子》故书，上古字少，以"四时尽"之"冬"字代"终"。辎重：军中载军需物资的车辆。

④"虽有荣观，宴处超然"，"宴"，河上公本、帛书甲本和乙本作"燕"，傅奕本、《释文》、范应元本作"宴"，范应元注曰："王弼同古本，河上公本作'燕'。"据此可知，今王弼本作"燕"乃后人所改。按应作"宴"，宴即闲、静之义。荣观：宫阙，引申为富贵的生活。超然：指不陷在富贵的生活当中，具有超乎物外、超脱自我的境界。

⑤奈何：代词，表示反问，"怎么""为什么"。乘：车数。古代"国家"的大小划分是以拥有兵车的多少来划分的，拥有兵车万辆的就是大国。主：君主。

⑥而以身轻于天下：王弼本无"于"字，帛书甲本和乙本及韩非《喻老》所引皆有"于"字。按语法求之，当有。于，介词，比。

【译文】

重是轻的根基，静是躁的主宰。因此圣人终日行事就像指挥作战不脱离辎重车一样。虽有荣华，却超乎物外。为什么大国的君王把修身看得比治天下还轻？轻视修身就会失去根本，遇事急躁就会失去主宰。

第二十七章 善行者无辙迹

【章旨】

本章老子以善行、善言、善数、善闭、善结喻说有道之人轻有形"有为"，贵无形"无为"的中和精神境界。

【原文】

善行者无辙迹①；善言者无瑕谪②；善数者不用筹策③；善闭者无关楗而不可开④；善结者无绳约而不可解⑤。

【音韵】

全章五句，句句为韵，不换韵，一韵到底。"迹""谪""策""开""解"为韵，"迹""谪""策"入锡部，"开""解"入支部，此乃支锡通韵。

【注释】

① 善：擅长、善于。辙迹：车轮碾过后留下的痕迹。
② 瑕谪：本意是指玉上的斑痕，这里是指毛病、缺点。
③ 筹策：古代计算物数时使用的竹片，相当于现在所说的"筹码"。

④ 关楗：锁门的栓销，横者叫关，竖者叫楗。

⑤ 绳约：绳索，合之成体为绳，用之束物为约。在"无绳约而不可解"之后，各本皆有很长一段文字："是以圣人常善救人，故人无弃人；常善救物，故物无弃物；是为袭明。故善人者，不善人之师；不善人者，善人之资；不贵其师，不爱其资，虽知大迷；是为要妙。"陶绍学说："'是以圣人……'以下，与上文不相属，宜退在六十二章，'人之不善，何弃之有'下。"陶说甚是，移到六十二章若合符节。

【译文】

　　善于行道的不留痕迹；善于说话的没有瑕疵；善于计算的不用筹码；善于闭门的不用门闩而使人不能开；善于捆物的不用绳索而使人无法解。

第二十八章　知其雄

【章旨】

　　本章老子以雄雌、荣辱、黑白等相对事物为例，说明守"柔"的重要性，要人取雌、取辱、取黑，以谦虚的态度对待人生。

【原文】

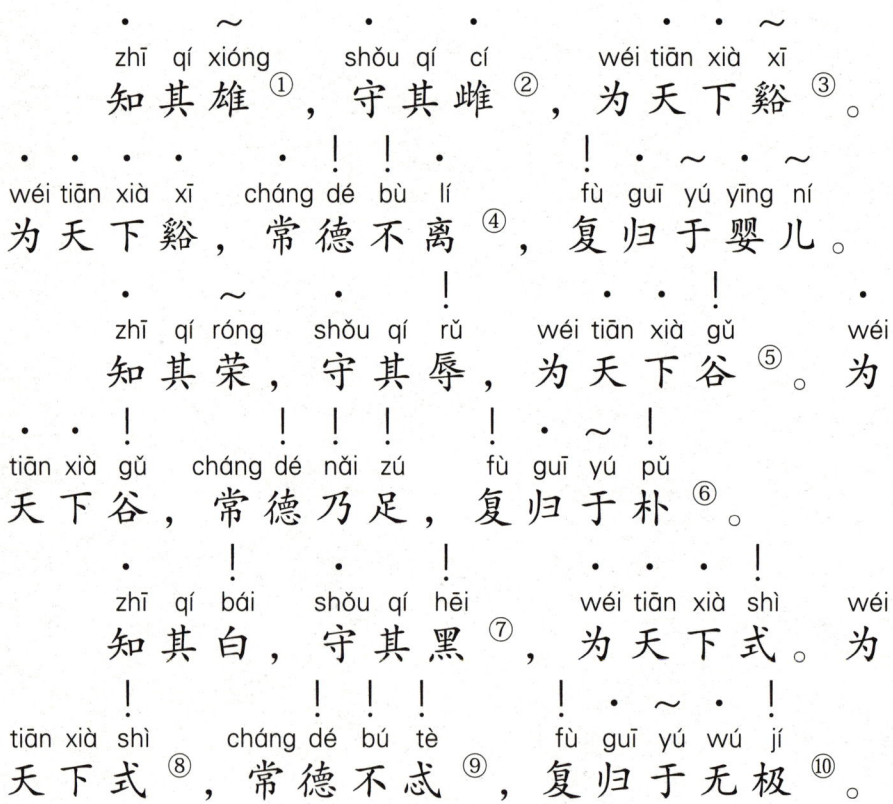

知其雄①，守其雌②，为天下谿③。
为天下谿，常德不离④，复归于婴儿。
知其荣，守其辱，为天下谷⑤。为
天下谷，常德乃足，复归于朴⑥。
知其白，守其黑⑦，为天下式。为
天下式⑧，常德不忒⑨，复归于无极⑩。

【音韵】

　　本章三段，一段一换韵。第一段，"雌""豁""豁""离""儿"为韵。江晋三《老子韵读》认为是歌支通韵，"离"入歌部，"雌""豁""儿"入支部。第二段，"辱""谷""谷""足""朴"为韵，五字皆入屋部。第三段："白""黑""式""式""忒""极"为韵，五字皆入职部。

【注释】

　　① 知：了解、懂得。其：词缀。雄：刚强。

　　② 守：保持、保有。雌：温柔。

　　③ 为：动词，做。豁：同"溪"，山间的水沟、溪流。这里是用来比喻能容纳一切。

　　④ 常德：始终不变的品德，亦即道的品德。

　　⑤ 谷：两山夹峙的狭长通道，空灵无物。这里是用来比喻内心的谦虚。

　　⑥ 乃：副词，就。于：介词，到。朴：淳朴。

　　⑦ 白、黑：伪河上公注："白以喻昭昭，黑以喻默默"。

　　⑧ 式：榜样、模范。

　　⑨ 忒：变更。

　　⑩ 无极：无边际、无穷尽。这里指道。

　　各本在三段之后，皆有以下三句："朴散则为器，圣人用之则为官长。是以大制不割。"这是混入正文的注语。《老子》书中"朴"字是道的别名，因此是不能散的，否则它就变成天下万物而不复存在了，就不是道了。按照老子哲学的基本精神，他是不会说"朴散则为器，圣人用之则为官长"这种话的。这大概是读者不了解《老子》的"朴"和"复归于朴"的本义，而照着普通的琢璞为器的意思加上的注语。"是以大制不割"，又与"朴散则为器"不相联属。这可能是读者对"守其辱""守其黑"加的注语。从前面三段文字看来井然有序，意义已经完整，不应再有"朴散则为器……"的蛇足。

【译文】

　　深知雄强，而保持雌柔，甘作天下的山溪。作天下的山溪，永恒的德就不会离失，就回复到婴儿的状态了。

　　深知荣耀，而保持屈辱，甘作天下的山谷。作天下的山谷，永恒的德就充实了，就回复到淳朴了。

　　深知明亮，而保持暗昧，甘作天下的榜样。作天下的榜样，永恒的德就不会变更，就回复到无限了。

第二十九章（一） 将欲取天下而为之者

【章旨】

本章进一步阐述"无为而治"的思想，说明天下是天下人的天下，是公天下，不是私天下，治理天下要顺从自然，因应物性，不可妄为。

【原文】

将欲取天下，而为之者①，吾见其不得已②。夫天下，神器也③，不可为也，不可执也④。为者败之，执者失之⑤。是以圣人无为故无败，无执故无失⑥。人之从事，常于几成而败之⑦。慎冬如始，则无败事⑧。

【音韵】

"将欲取天下，而为之者，吾见其不得已"，"下""者""已"为韵，"下""者"二字皆入鱼部；"已"入之部；此为之鱼合韵。其下，皆押之部韵。"夫天下，神器也，不可为也，不可执也。为者败之，执者失之。是以圣人无为故无败，无执故无失。人之从事，常于几成而败之。慎终如始，则无败事"，"器""执""失""失""事""之""始""事"八字为韵，皆入之部。句尾虚词二"之"字、二"也"字亦入韵，构成所谓富韵。

【注释】

①"将欲取天下而为之者"，傅奕本、范应元本、河上公古本同，其他各本无"者"字。按：有"者"字为是，从下句"吾见其不得已"云云，可见上句指人，并非单纯指事，故应有"者"字。将欲：助动词连用，表示做某事的意志，"要想"的意思。取：治，治理。而：表示承接，相当于"却"。

②其：代词，代指取天下的人。不得已：达不到。已，语助词。

③夫天下，神器也：即天下人是神器。夫，代词，代指人。神器，新版《辞源》"神器"条第一义项说："人为万物之灵，故称人为神器。"也，语气词，用在句末，表示肯定语气，"是"的意思。

④不可为也，不可执也：各本皆无"不可执也"一句。易顺鼎说："按'不可为也'下，当有'不可执也'一句，举三例以证明之。《文选》干令升《晋纪总论》注引《文子》称《老子》曰：'天下大器也，不可执也，不可为也；为者败之，执者失之。'其证一。王注云：'故可因而不可为也，可通而不可执也。'是王注有本文。其证二。下篇六十四章云：'为者败之，执者失之，是以圣人无为故无败，无执故无失。''无为'即'不可为'，'无执'即'不可执'。彼文有，则此文亦有。其证三。盖有'执者失之'一句，必先有'不可执也'一句，明矣。"可，助词，能。为，动词，有干预的意思。执，把持、占有。

⑤本章到"为者败之，执者失之"为止，显然一章未尽，可是各本接

下去的却是："夫物或行或随，或炅或吹，或强或羸，或接或堕。是以圣人去甚，去太，去奢。"这完全与上文不相干。马叙伦说："六十四章'是以圣人无为故无败，无执故无失。人之从事，常于几成而败之。慎冬如始，则无败事'当在此下。"马说是。此三十三字在六十四章与上文、下文皆不联属，而移于此章正好接"为者败之，执者失之"，可谓若合符节。

⑥ 故：副词，就。无：副词，不。失：失掉、丧失。
⑦ 于：介词，在。几：几乎。
⑧ 则：副词，就。

【译文】

要想治天下，而去强力干预，我看他是不可能达到目的的。天下人是神器，不可强力干预，不能强力把持，强力干预就会失败，强力把持就会失去。

因此，圣人顺其自然就不会败事，不去把持就不会失去。一般人做事，常常在几乎成功时失败了。如果像开始一样慎重，就不会失败。

第二十九章（二） 夫物或行或随①

【章旨】

　　老子认为，世界上的任何事物都是相对的，有正面，就有反面；有肯定，就有否定；有支持，就有反对；这两方面都应看到。因此而提出"去甚，去太，去奢"，反对过度、反对走极端的辩证哲学，并把克服过度、走极端同克服私欲联系起来。从其抽象意义来说，这是非常合理的。实践告诉我们，片面性、绝对化的思想方法和思想意识上的私心，往往是密切联系的，可见老子的观察和思索是很深刻的。

【原文】

夫物或行或随②，或歔或吹③，或强或羸④，或接或堕⑤。是以圣人去甚，去太，去奢⑥。

是以圣人欲不欲⑦，不贵难得之货；学不学⑧，以复众人之过⑨；以恃

wàn wù zhī zì rán　　ér bù gǎn wéi
万物之自然，而不敢为⑩。

【音韵】

　　"夫物或行或随，或炅或吹，或强或羸，或接或堕。是以圣人去甚，去太，去奢"，句句为韵。"随""吹""羸""堕""奢"为韵，五字皆入歌部。"是以圣人欲不欲，不贵难得之货；学不学，复众人之过；以恃万物之自然而不敢为"隔句为韵。"货""过""为"为韵，三字皆入支部。又"欲不欲""学不学"，"欲""学"押韵。这是偶句与偶句为韵、奇句与奇句为韵，"欲"入屋部，"学"入觉部，屋觉合韵也是《诗经》的通例。

【注释】

　　① 二十九章（二）由原二十九章之第二段和六十四章最末一段组成，它们本是独立的一章，一半被并入二十九章，一半被并入六十四章。为便于检索，故题为二十九章（二）。

　　② 夫物：《老子想尔注》本、景龙碑、龙兴碑同，王弼本作"故物"，傅奕本、河上公古本作"凡物"。作为一章首段，不应是联结词"故"，而应是发语词"夫"。物：事，事情。或：代词，有的、有些。行：行走。随：跟着。

　　③ "或炅或吹"，王弼本、河上公古本作"或嘘或吹"，帛书甲本作"或炅或吹"，乙本作"或热或吹"。按：应以甲本作"或炅或吹"为是。《老子》此处是借"吹"为"寒"，"炅"盖古"热"字，不用"寒"字，而用"吹"字，乃是为了押韵。

　　④ 强：强壮。羸：衰弱。

　　⑤ "或接或堕"，《老子想尔注》本及唐景龙碑、遂州龙兴碑、李荣《老子注》本皆如此，范应元本作"或培或隳"，王弼本作"或载或隳"。于省吾认为"载"应作"接"，说"'接'应读'捷'。接、捷乃双声叠韵字。堕为败，隳为毁。捷胜与堕败，义正相反也"。按：作"或载或堕"或"或培或隳"或"或接或堕"，皆通，但以于省吾说作"或接或堕"于义为长。

接：胜利，成功。堕：毁坏。

⑥甚、太（同泰）、奢：副词，均表示程度过分。

⑦欲不欲：以消除心中意识上的欲望为欲望。

⑧学不学：以达到"道"的最高境界为学。学，动词，以……为学。不：动词，带有名词宾语，等于"无。"

⑨"以复众人之过"，《韩非子·喻老》引作"复归众人之所过"，傅奕本作"以复众人之所过"，河上公本、王弼本、帛书甲乙本略同傅奕本，只缺"以"字。高亨认为"所"字是衍文。他说："'复众人之所过'当作'以复众人之过'，王本脱'以'字，衍一'所'字。'以复众人之过'与'不贵难得之货'，句法略同，义亦明莹。增'所'字则赘矣。"高说是。王弼注曰："不学而能者，自然也；喻于学者，过也。故'学不学，以复众人之过'。""故"字后的两句，显然是引的经文，今王弼本经文缺"以"字多"所"字，盖后人据河上公本增删。以复众人之过：能避免众人之过。以，动词，能够。复，避免。过，过甚的行为。

⑩"以恃万物之自然而不敢为"，传世本大都作"以辅万物之自然而不敢为"，惟《韩非子·喻老》引"辅"作"恃"。按：《老子》原文应作"以恃万物之自然而不敢为"，理由如下：（一）"自然"，古训为自成，自己如此，"万物之自然"已排斥了人为，所以不能是作辅助讲的"辅"字，而应是作依赖讲的"恃"字。（二）按全书所表现的思想，是排斥人为的，作"恃"符合老子的"无为"思想。（三）《解老》《喻老》所依据的是最早的《老子》传本，韩非所引应该是《老子》原文。以：能够。恃：依赖、依仗。之：助词，的。不敢为：不可妄加干预。

【译文】

一切事情有的先行有的后随，有的炎热有的寒冷，有的强壮有的衰弱，有的胜利有的失败。因此圣人摒弃过度、极端、奢侈的行为。

（人们走极端往往是同欲望相联系的）因此，圣人以取消欲望为欲望，不看重难得的财物；以达到"道"的最高境界为学；能够避免众人之过；能够依靠万物的自然发展而不妄加干预。

第三十章 以道佐人主者

【章旨】

本章承上章"圣人去甚，去太，去奢"之旨，讲"无为"原则在军事上的应用，从而表明了老子反对侵略战争的观点。

【原文】

以道佐人主者①，不以兵强于天下②。其事好还③：师之所处④，楚棘生焉⑤；大战之后，必有凶年⑥。故善者，果而已矣，不敢以取强焉⑦。果而勿骄，果而勿矜，果而勿伐，果而不得已，是谓果而不强⑧。

$$\text{wù zhuàng zéi lǎo,   shì wèi bú dào,   bú dào zǎo yǐ}$$
物 壮 则 老，是 谓 不 道，不 道 蚤 已⑨。

【音韵】

　　"以道佐人主者，不以兵强于天下"，"者""于"为韵，二字入鱼部。"其事好还：师之所处，楚棘生焉，大战之后，必有凶年"，"还""焉""年"为韵，"还""焉"入元部，"年"入真部，此为真元合韵。"果而勿骄，果而勿矜，果而勿伐，果而不得已，是谓果而不强"，"矜""强"为韵，"矜"入真部，"强"入阳部，劳健、陈柱皆谓真阳可以合韵。"物壮则老，是谓不道，不道蚤已"，"老""道""已"为韵，"老""道"入幽部，"已"入之部，此为之幽合韵。

【注释】

　　① 以：介词，用。佐：辅佐。

　　② "不以兵强于天下"，傅奕本、今王弼本无"于"字，帛书乙本有"于"字。马叙伦说："王弼注曰：'尚不可以兵强于天下'，则王本亦有'于'字。"按：应有"于"字，无"于"则语义不通。以：介词，表示方式，依凭，相当于"靠"。于：介词，表示范围，相当于"在"。

　　③ 其：代词，代指战争这件事。好还："好"有"甚"义，今俗语把"甚远"还说成"好远"。"还"有危险之义，也有迅速、立即之义。

　　④ 师：指军队。处：处所，即战争的地方。

　　⑤ "楚棘生焉"，傅奕本、范应元本、河上公本、王弼本"楚棘"皆作"荆棘"，帛书乙本作"楚棘生之"。楚与荆义通，但《老子》故书当应作"楚棘"，不作"荆棘"。郭沫若说"荆是楚以外的人对于楚国的恶名，楚人自己是决不称荆的"（《历史人物》第10页），老子楚人，自应用楚语。

　　⑥ 必：一定、必定。凶年：大灾之年。

　　⑦ "故善者，果而已矣，不敢以取强焉"，伪河上公注本、王弼本无"故"字，无"矣"字，范应元本与诸唐本则有"故"字无"矣"字，傅

奕本、河上公本则兼有。此句与上文有逻辑上的因果联系,所以应有"故"字;无"矣"字语气不足,于诗的节奏求之,亦应有"矣"字。善者:善于用兵的人。果:胜利。《尔雅·释诂》曰:"果,胜也。"已:停止。不敢:不可。以:介词,再。取:凭借、借助。焉:代词,代指用兵这件事。

⑧勿:副词,不要。骄:高傲。矜:夸耀。伐:炫耀。不得已:无可奈何、不能不如此。

⑨物壮则老,是谓不道,不道蚤已:"则"通"贼",害。高亨亦说:"则当读为贼。则字从刀从贝,乃古贼字,害也"。道,这里指政治之道。它蕴含着不逞强,戒矜、戒伐的观念。"蚤"字各本作"早",帛书作"蚤",先秦古书多假"蚤"为早。蚤已,及早结束,亦有"早亡"之义。

【译文】

以道辅佐人主的,不靠兵力在天下逞强。战争这件事好悬:军队驻扎过的地方,荆棘就长满了;大战之后,一定会有凶灾之年。

所以,善于用兵的人,只要达到目的就停止,绝不以兵力逞强。胜利了不高傲,胜利了不夸耀,胜利了不炫耀,战争是出于不得已,这就叫作胜利了而不以兵逞强。

强壮的贼害老弱的,这是不合乎道的,不合乎道必定早亡。

第三十一章　夫唯兵者

【章旨】

本章是上章的引申。老子进一步指出，即使出于不得已而用兵，也不可将战争当作好事。战争不仅带来灾难，也会产生仇恨。战争取得胜利后，对于战争中的死者，要以悲哀的心情对待，要用丧礼的仪式处理。这充分体现了老子的人道主义思想。

【原文】

夫唯兵者，不祥之器，不得已而用之①。

故胜而不美。若美，必乐之。乐之者，是乐杀人也。夫乐杀人者，不可以得志于天下矣②。

shā rén zhòng duō,　zé yǐ bēi āi lì zhī;　zhàn shèng
　　杀 人 众 多， 则 以 悲 哀 隶 之； 战 胜
zhě,　zé yǐ sāng lǐ chǔ zhī
者， 则 以 丧 礼 处 之③。

【音韵】

　　此章旧注以文字错乱，不言其韵。其实，删尽衍文和注语是有韵的，而且是一韵到底。"者""器""之""美""之""者""也""者""下""矣""之""者""之"为韵，"器""美""之""也""矣"入之部，"者""下"入鱼部，之鱼合韵也是《诗经》的通例。删除后，恰恰全部有韵，这也是所删者确是衍文和注语的一个有力证据。

【注释】

　　① 夫唯兵者，不祥之器，不得已而用之：原文在"不详之器"与"不得已而用之"之间有三十二个字："物或恶之，故有道者不处。君子居则贵左，用兵则贵右，兵者不祥之器，非君子之器"。马叙伦说："'物或恶之，故有道者不处'十字，乃因二十四章错简而复出者。'君子居则贵左，用兵则贵右，兵者不祥之器，非君子之器'为衍文。"此说是。"物或恶之，故有道不处"二句与二十四章最末二句一字不差，在二十四章文从义顺，在此章则义不相属。除此章外，全书无"君子"一词，亦无"小人"之词。"君子"与"小人"对举才有意义。"君子""小人"，在春秋时是孔子的常用语，《老子》书中有"民""人""圣人"之别，而无"君子""小人"之分。这也是"君子居则贵左"二句和"非君子之器"系混入之注语的一个证据。原文在"不得已而用之"下尚有"恬淡为上"一句，亦与上下文不相属。此段删去衍文，作"夫唯兵者，不祥之器，不得已而用之"，作为本章的基本思想，亦与下文密迩无间。夫唯，发语词连用。兵，兵器，即现在所说的武器，亦指战争。"不详之器"，不吉祥的东西。

② "故胜而不美。若美，必乐之。乐之者，是乐杀人也。夫乐杀人者，不可得志于天下矣"前删去衍文"恬淡为上"，接上文"夫唯兵者，不祥之器，不得已而用之"，密迩无间。正因为"不祥之器""不得已而用之"，所以在"用之"时，"胜而不美"，这与后文"战胜者，以丧礼处之"相应。若：连词，如果。乐之：以之为乐，把它作为一种好事。乐，意动词，以……为乐。志：天下皆归向的意思。

③ 杀人众多，则以悲哀隶之；战胜者，则以丧礼处之："隶"字，各本作"莅"。"莅""隶"相通，俱训临，但《老子》故书应作"隶"。《释文》卷二五《老子音义》："莅，古无此字，《说文》作隶。"这一段同上面"胜而不美"一段，密迩无间，理应紧相连接。可是原文在这两段之间横插"故吉事尚左，凶事尚右。是以偏将军居左，上将军居右，言以丧礼处之"一段话，马叙伦认为这是"注文误入者"。此说甚是。插入这样一段，就把本来密迩无间的两段割裂了，其插入之迹，甚为显然。统观全章基本思想，同"吉事尚左，凶事尚右"，"偏将军居左，上将军居右"不相干；从《老子》文风也可见其不会如此枝蔓。隶，《说文》："隶，临也"，即对待的意思。

【译文】

战争是不吉祥的东西，只有在不得已的时候才使用它。

因此，战争胜利了，也不要以为是好事。若以为是好事，就会把战争当作乐事，把战争当作乐事的，就是以杀人为乐。以杀人为乐的，他的志向绝不会在天下得以实现。

杀人众多，要以悲哀的心情对待；打了胜仗，要用丧礼的仪式处理。

第三十二章　道常无名之朴

【章旨】

前几章都是讲"道"的作用，说明用于政治、军事方面的道理。本章接着又讲道的特性，并特别强调王侯若能奉行朴素之道，天下百姓就会自然而然地归于淳朴、和谐。

【原文】

道常无名之朴①；虽小，天下莫能臣②。王侯若能守之，万物将自宾③。天地相合以降甘露，人莫之令而自均④。始制有名⑤，名亦既有⑥，夫亦将知之，知之可以不殆⑦。

【音韵】

"道常无名之朴,虽小,天下莫能臣。王侯若能守之,万物将自宾。天地相和以降甘露,人莫之令而自均","臣""宾""均"为韵,三字皆入真部。此为疏韵,即两句一韵。"始制有名,名亦既有,夫亦将知之,知之可以不殆","有""之""殆"为韵,三字皆入之部。

【注释】

①常:原本,本来。"无名之朴",各本作"无名朴"。高亨说:"'名'下疑脱'之'字。三十七章曰:'吾将镇之以无名之朴',无名之朴即道也。是其证。"无:副词,不。无名:不显露,"名"同"明",这里指道。之:语助词,的。朴:未经雕琢,纯朴自然。"朴"是道最基本的品质。

②小:微小,形容道体幽微无形,不可得见。莫能臣:即莫能使之为臣。莫,代词,表示无指,没有谁。臣,称臣,臣服。

③王侯:天子和诸侯,亦即领导人。若:假如,如果。守:遵守,奉行。之:代指道。万物:万方之人。"物"指的是人。将:副词,就,便。自:自然。宾:宾服,亦即服从、归附。

④"天地相和以降甘露,人莫之令而自均",王弼本、傅奕本"人"作"民",河上公本作"人",据蒋锡昌统计,唐及以后传本有三十四种作"人"。按:应作"人"。"人"指个体,"民"指众人,略有不同。以:同"而"通"能"。降:从高处往下落。令:发布命令。自:自然。均:调节,调和。

⑤始制有名:"始"是始基、开始,"制"是规定,"有名"即老子把道阐发明白的意思,亦即第一章所说的"无,名万物之始,有,名万物之母"。"有",词缀,嵌在名词或形容词的前面,够成双音词,不必翻译。

⑥名亦既有:既然把道说清楚、说明白了。名,《释名·释言语》:"名,明也,名事实使分明。"

⑦"夫亦将知之,知之可以不殆",四部丛书影印宋刊河上公《道德经》、通行本河上公《道德真经注》、宋李荣本、元林志坚本同,多数本子"之"作"止"。胡适说:"王弼今本'之'作'止',下句同。今依河上公本改正,

'之''止'古文相似，易误。"夫：代词，代指王侯。知之：掌握它，知，掌管，掌握。之，代指道。不：副词，没有。殆：危险。

各本在"知之可以不殆"后皆有"譬之在天下，犹川谷之与江海也"，陶绍学、马叙伦皆认为这两句是六十六章错简，此说是。本章到"知之可以不殆"，意义完足，这两句又与上文不联属，《老子》故书不应有此蛇足，而移至六十六章则上下相契合。

【译文】

道原本是不显明而朴素自然的；虽然微小，天下却没有人能够使它臣服。王侯若能奉行它，万方之人就自然宾服。天地阴阳相和就会降下甘露，人们不须指使，就能自然调和。

道已阐发明白了，既然明白了，王侯也就能掌握道，掌握道就可以没有危险了。

第三十三章　知人者智

【章旨】

　　本章是讲认识论的,也是讲个人的修养与自我的建立。老子认为"知人"固然重要,但更重要的是"知己"。一个人能看清自己的弱点,并能战胜弱点,就是一位真正的强者,就能使自己的精神生命和思想生命得到提升。

【原文】

　　知人者智①,自知者明。胜人者有力,自胜者强②。知足者富③,强行者有志④。

　　不失其所者久⑤,死而不亡者寿⑥。

【音韵】

　　"知人者智,自知者明。胜人者有力,自胜者强",这四句是交韵,即奇句与奇句押韵,偶句与偶句押韵:"知人者智"与"胜人者有力"押韵,"智""力"为韵,二字皆入职部;"自知者明"与"自胜者强"押韵,"明""强"为韵,二字皆入阳部。"知足者富,强行者有志","富""志"

为韵，二字皆入职部。"不失其所者久，死而不亡者寿"，"久""寿"为韵，"久"入之部，"寿"入幽部，两者为之幽合韵。

【注释】

① 知人：对别人能客观全面地了解。者：助词，表示结构关系，相当于"的"。

② 强：这个"强"是指"守柔曰强"之"强"，而不是"坚强者，死之徒"之"强"。在老子的观念中"守柔""自胜"才是不会走向反面的真正的"强"。

③ 知足者富：王弼注："知足自不失，故富也。"

④ 强行者有志：蒋锡昌说："'强行'即第四十一章'上士闻道，勤而行之'之'行'，'有志'乃勤勉行道之意。""强行者"，即勤勉行道的人。

⑤ 其所：自己的本性。其，代指上面的人；所，处所，位置。

⑥ 亡：失去、丢失。寿：生存时间长久。

【译文】

知人的，叫作有智慧；自知的，才是真聪明。战胜别人的，叫作有力量；战胜自己的，才是真坚强。知道满足的，就是富有；勤勉行道的，才是有志向。

不失去根基的，就能长久；死而精神永存的，才是长寿。

第三十四章　大道氾兮

【章旨】

　　本章是对道的功用再进一步加以论述。先说"道"博大、普遍，无所不在；再讲"道"不为主的特性；并由此推及人事，阐明"圣人终不为大，故能成其大"的辩证哲学。

【原文】

大道氾兮①，其可左右②。万物恃之以生而不辞③，功成而不有④。衣被万物而不为主⑤，可名于小矣⑥；万物归焉而不知主⑦，可名于大矣。

是以圣人能成其大也，以其冬

　　　　　　　　　　　 ！ ． ！　　　　． ． ．　 ！
　　　　bú wéi dà　　　gù néng chéng qí dà
　　　不 为 大 ⑧，故 能 成 其 大。

【音韵】

　　"大道氾兮，其可左右。万物恃之以生而不辞，功成而不有"，"右""辞""有"为韵，三字皆入之部。"衣被万物而不为主，可名于小矣；万物归焉而不知主，可名于大矣"，为交韵，即两"主"字押韵，"主"字入侯部；两"矣"字押韵，"矣"字入之部。"是以圣人能成其大也，以其冬不为大，故能成其大"，三"大"字为韵，"大"字入月部。

【注释】

　　①"大道氾兮"，"氾"，据《释文》注，有的本子作"泛"。"泛"是"氾"的假借字，故应作"氾"。《广雅·释诂》："氾，博也。"《释言》："氾，普也。""氾"即广泛、普遍的意思。道，这个"道"是指宇宙本体。

　　②其：代指道。可：助动词，能。

　　③万物恃之以生而不辞：傅奕本、河上公古本、《老子想尔注》本皆同，伪河上公注本、王弼本"以生"作"而生"。按："而""以"古通用，但一句两"而"字读起来别扭，当作"以"为是。恃，依靠、依赖。之，代指道。以，同"而"，转折连词，相当于"却""但"。辞，通"司"，有管理、干涉的意思。

　　④不有：不占有、不据为己有。

　　⑤衣被万物而不为主："衣被"，傅奕本、范应元本、河上公古本皆如此，今王弼本作"衣养"，可能是后人所改。成玄英疏云"衣被者，覆盖也"，是成所据本亦为"衣被"。按：作"衣被"较妥，"衣被万物"即覆育万物，道育万物不能用"养"字。"不为主"，不做主宰。

　　⑥在"可名于小"句上王弼本有"常无欲"三字。马叙伦、奚侗皆认为不应有此三字。因为这里跟"无欲""有欲"无干，不应横生节枝。可：助动词，可以。名：名号、别称。

⑦"万物归焉而不知主",今王弼本作"不为主",但王弼注曰:"万物皆归之以生而力使不知其所由",可见王弼原本经文亦作"知主"。劳健说:"'衣被万物而不为主',就施衣被者而言,故曰'不为主';'万物归焉而不知主',就归之者而言,当云'不知主'也。"焉:代词,哪里。

⑧"是以圣人能成其大也",傅奕本、河上公古本皆如此,今王弼本无,大概是嫌其重复而删。以:连词,因为、由于。其:代指圣人。冬:通"终"。

【译文】

大道的作用广泛、普遍啊,它左之右之无所不到。

万物都依靠道而生存,但道不去干涉它,功业成就了,但不自以为有功。覆育万物而不做万物的主宰,可以说,道很渺小;万物归附于道而不知谁是它们的主宰,可以说,道很伟大。

圣人之所以能成就其伟大,是因为他始终都不自大,所以能成就其伟大。

第三十五章 执大象

【章旨】

本章接前章继续讲"道"的特征及作用。老子认为"道"虽看不见摸不着，但只要掌握住它所呈现出来的法则，就能受用无穷。

【原文】

执大象①，天下往；往而不害②，安平太③。

乐与饵④，过客止；道之出言⑤，淡乎其无味⑥，视之不足见，听之不足闻，用之不可既⑦。

【音韵】

"执大象，天下往"，"象""往"为韵，二字入阳部。"往而不害，安平太"，"害""太"为韵，二字入月部。"乐与饵，过客止"，"饵""止"

为韵，二字入之部。"道之出言，淡乎其无味，视之不足见，听之不足闻，用之不可既"，基本上是交韵而略有变通："言""见"为韵，二字入元部；"味""闻""既"为韵，"味"入微部，"闻""既"入文部，微、文通韵也是《诗经》的通例。

【注释】

① 执：掌握、抓住。大象：即道所呈现出的规律。成玄英说："大象，犹大道之法象也。"这个"法象"，用王弼的话说，就是"不温不凉，不宫不商，不炎不寒"；用子思的话说，就是"中和"。

② 而：表示顺承，相当于"就"、"才"。

③ 安：连词，就、于是。平太：即太平。

④ 乐：音乐。饵：指美食。《说文》："饵，粉饼也。"

⑤ "道之出言"，今王弼本作"道之出口"，河上公古本、《老子想尔注》本、傅奕本、范应元本皆作"出言"，范并注曰："'出言'，王弼同古本。"陶方琦说："王注曰：'而道之出言，淡然无味'，则王本亦作'出言'。"马叙伦说："二十三章'希言自然'，弼注曰：'下章言道之出言，淡兮其无味也……'今王本盖为后人依别本改之矣。"按：应作"出言"。"言"字与下句"视之不足见"谐韵，作"出口"误。"道之出言"即讲述道的言论。

⑥ 乎：表示肯定，相当于"也"。其：助词，起加强形容的作用。

⑦ 之：代指道。不足：不能。既：《广雅·释诂》："既，尽也。"

【译文】

掌握大道，天下之人都来归往；都来归往而不互相伤害，于是天下太平。

音乐和美食，能使过路的人止步；道的讲述，淡得无味，看它不能看见，听它不能听到，用它却用不尽。

第三十六章　将欲翕之

【章旨】

该章接上章继续讲"执大象"的正面道理，旨在让人看懂自然的规律。所以，明释德清《老子道德经解》说："此言物势之自然而人不能察，天下之物，势极则反。譬夫日之将昃，必盛赫；月之将缺，必极盈；灯之将灭，必炽明。斯皆物势之自然也。故固张者，翕之象也；固强者，弱之萌也；固兴者，废之机也；固予者，夺之兆也。天时人事，物理自然。"

【原文】

将欲翕之，必固张之①；将欲弱之，必固强之；将欲废之，必固举之②；将欲夺之，必固与之：是谓微明③。柔之胜刚，弱之胜强④，是以兵强则灭，木强则折。故刚强处下，柔弱处上。鱼不可脱于渊，邦之利器不可以示人⑤。

【音韵】

"将欲翕之，必固张之；将欲弱之，必固强之；将欲废之，必固举之；将欲夺之，必固与之"，为交韵，即"翕""弱""废""夺"为韵，四字皆入月部；"张""强"为韵，二字入阳部；"举""与"为韵，二字入鱼部。"是谓微明。柔之胜刚，弱之胜强"，"明""刚""强"为韵，三字皆入阳部。"是谓微明"，按意义属上文，但与上文不谐韵，而与下文谐韵，这就是所谓续韵。"是以兵强则灭，木强则折"，"灭""折"为韵，二字入月部。"故刚强处下，柔弱处上"，不韵。"鱼不可脱于渊，邦之利器不可以示人"，"渊""人"为韵，二字入真部。

【注释】

①将欲翕之，必固张之：傅奕本、范应元本、河上公古本、《老子想尔注》本、顾欢本以及韩非《解老》所引皆同此。今王弼本"翕"作"歙"。范应元曰："'翕'，敛也，合也，聚也；王弼同古本。"可知今王弼本作"歙"，乃后人所改。将，副词，表示行为或情况在不久以后发生。欲，助动词，要。之，这段中的前四个"之"字，代指的是一般事物，因为对一般事物可以说收敛和扩张，可以说削弱和增强；后四个"之"字，指代的是人，因为对人才说得上"废之""举之""夺之""与之"。必，副词，必定、一定（要）。固，通"姑"，暂且。张，张大、扩张。

②"将欲废之，必固举之"，"举"，各本皆作"兴"。劳健说："'必

固兴之'，'兴'当作'举'，对下句'必固与之'。古'举''与'字通。如《礼运》'选贤与能'，《大戴礼记·王言篇》作'选贤举能'，是也。"高亨说："'兴'当作'举'，形近而讹。古书常废举对言。如《论语·卫灵公》：'君子不以言举人，不以言废人。'《淮南子·泰族篇》：'得其人则举，失其人则废。'并其证也。"此文"张""强"为韵，"举""与"为韵，若作"兴"则失韵。举，使兴起。

③微明：衰微的先兆。微，衰微；明，显露。

④柔之胜刚，弱之胜强，是以兵强则灭，木强则折。故刚强处下，柔弱处上："柔之胜刚，弱之胜强，"傅奕本、范应元本、河上公古本、彭耜本同，今王弼本作"柔弱胜刚强"，《永乐大典》王弼本作"柔胜刚，弱胜强"。按：应以傅奕本、河上公古本为是。但此处有脱文，到"柔之胜强"，意义未了。细审全书，知七十六章的"是以兵强则灭，木强则折。故刚强处下，柔弱处上"乃本章之错简；这十九个字在七十六章与上文不衔接，显然非该章之文，移于此章则若合符节。之，助动词，能。

⑤邦之利器：帛书乙本、河上公本、王弼本"邦"字作"国"。帛书甲本、傅奕本、范应元本及韩非《喻老》所引皆同此，"邦"是故书，作"国"，乃避汉高祖刘邦讳而改。利器，锋利的武器。示：显示给人看。

【译文】

将要收敛它，必先扩张它；将要削弱它，必先增强它；将要废弃他，必先兴举他；将要夺取他，必先给予他；这就是衰微的先兆。

柔能胜刚，弱能胜强，因此用兵逞强就会被消灭，木材坚硬就会容易断裂。所以强大的事物常处于下降的趋势，柔弱的事物常处于上升的趋势。

鱼不可离开深渊，国家的利器不可以展示于人。

第三十七章 道常无为而无不为

【章旨】

此章与三十二章的思想基本相同。三十二章说"道常无名之朴",主要是突出道"朴素"的特性;此章说"道常无为而无不为",主要是突出道"无不为"的特性。"无为而无不为"不仅反映了老子政治哲学的思辨特点,也是老子治国理政的根本原则。老子的主张就是要通过"无为"的手段达到天下大治。

【原文】

道常无为而无不为①,王侯若能守之②,万物将自化③。化而欲作④,吾将镇之以无名之朴⑤。镇之以无名之朴,夫亦将无欲⑥。无欲以静,天下将自正⑦。

【音韵】

"道常无为而无不为,王侯若能守之,万物将自化","为""化"为韵,二字入支部。又第一句,句中自为韵,"为""为"韵;第二句亦句中自为韵,"侯""守"为韵,二字入侯部。"化而欲作,吾将镇之以无名之朴。镇之以无名之朴,夫亦将无欲","作""朴""朴""欲"为韵,"作"入铎部,"朴""欲"入屋部,三字为邻近韵,可以谐韵。"无欲以静,天下将自正","静""正"为韵,二字入耕部。

【注释】

①道常无为而无不为:道原本是无,无为就是道的为,道的为就是无所不为,即全面地为。常,原本、本来。

②王侯若能守之:傅奕本、范应元本、遂州龙兴碑、《老子想尔注》本皆如此,其他各本"王侯"作"侯王"。从句中自谐韵考虑,当作"王侯"。若,如果。守,遵守、奉行。之,代指道。

③万物:万方之人。将:副词,就。自化:自然受感化。

④欲:私欲、贪欲。作:兴起。

⑤将:副词,表示在某种条件或情况下怎么样,"就""便"的意思。镇:安定。《广雅·释诂》:"镇,安也。"之:第三人称代词,他、他们。以:介词,用。无名之朴:道的纯朴。"无名"指的是道。

⑥夫:代词,表示第三人称,他、他们。

⑦无欲以静:王弼本如此,傅奕本、河上公古本"无欲"作"不欲"。于义理求之,作"不欲"误。蒋锡昌说:"此言道之真者,即是无欲。此句系为上句作解。盖侯王无欲,则民亦无欲。以上之所好,下必从之。五十七章所谓'我无欲而民自朴'也。明乎此,则'无名之朴'即'道','道'即无欲;三者词异,谊实同也。"以,同"而",就。天下将自正:帛书甲本和乙本、傅奕本、《老子想尔注》本皆同此,王弼本"自正"作"自定"。按:应作"自正",与五十七章"我好静而民自正"一律。将,副词,就。自:自然。正,安定。《玉篇·正部》:"正,定也。"

【译文】

　　道原本是无为，无为就是无所不为。王侯如能奉行道，万方之人就自然受感化。感化之后而私欲如再萌发，我们就以朴素之道安定他们。以朴素之道安定他们，他们也就无欲了。无欲清静，天下就自然安定。

第三十八章 上德不德

【章旨】

自本章始为《道德经》下篇，也称"下经"。上篇主要是讲"道"即"道"之体，下篇主要是讲"德"即"道"之用。此章是下篇的"开宗明义"，类似上篇的"道可道"章。讲的是"上德"社会，即尧舜时代已经不存在了，社会普遍"化而欲作"，世道精神在逐步衰落。因此，老子提出，要人坚守道德，返璞归真，以达到"上德"的理想社会。

【原文】

上德不德①，是以有德；下德不失德②，是以无德。上德无为而无不为；下德为之而有不为③。

上仁为之而无以为；上义为之而有以为；上礼为之，而莫之应④，则攘臂而扔之⑤。故失道而失德⑥，失德而后仁，失仁而后义，失义而后礼。夫礼者忠信之薄，而乱之首；前识者道之华，而愚之始⑦。是以大丈夫处其厚，不居其薄⑧，处其实，不居其华。故去彼，取此。

【音韵】

　　"上德不德，是以有德；下德不失德，是以无德"，四"德"字为韵，"德"入职部。"上德无为而无不为，下德为之而有不为。上仁为之而无以为，上义为之而有以为"，四"为"字为韵；四句又皆句中自为韵。"为"字通常入歌部，但在楚音中入之部。"上礼为之而莫之应，则攘臂而扔之"，"应""扔"为韵，二字入耕部。"故失道而失德，失德而后仁，失仁而后义，失义而后礼"，第一、二句不入韵，三、四句"义""礼"为韵，二字入支部。"夫礼者忠信之薄而乱之首；前识者道之华而愚之始"为交韵，"薄""华"为韵，二字入鱼部；"首""始"为韵，"始"入之部，"首"

入幽部，此乃之幽合韵。"是以大丈夫处其厚不居其薄，处其实不居其华"，"薄""华"为韵，二字入鱼部。"故去彼取此"，句中自为韵，即"彼"与"此"为韵，二字入支部。

【注释】

① 上德：即最高最上的品德。不德：即不得。"德"为"得"的假借字。

② 失德：即失去所得。"德"同"得"。

③ 上德无为而无不为，下德为之而有不为：傅奕本、范应元本、严遵本同此，王弼本、河上公本"无不为""有不为"作"无以为""有以为"，《韩非·解老》第一句作"无不为"，第二句无。俞樾说："《韩非·解老》作'上德无为而无不为'，盖古本如此。今作'无以为''有以为'者，涉下'上仁'句而误耳。若此二句作'无以为''有以为'，则与'上仁''上义''上礼'句无区别。"

④ 此四句三个"上"字与"上德"之上的"上"不同，它不是上下之上，而是崇尚、提倡的意思。莫之应："莫应之"的倒文，即没有人响应它。

⑤ 攘臂：捋袖露臂，表示振奋或愤怒。扔：牵引、拉，即使人就范之意。

⑥ 故失道而失德：通行各本"德"上的"失"字作"后"字。"失道而失德"，即失道就失德，"失德"的"德"字即"上德"，属于"无为而无不为"。如"失"字作"后"，"德"就成了失道之后的一个独立的东西，显然不符合老子的哲学精神。

⑦ 夫：指示代词，这、这个。薄：衰退，衰败。前识者：即前面所述的事情。识，记述。愚之始：邪伪的开始。"愚"通"遇"，奸邪。易顺鼎亦说："愚当作遇，即《尚书·盘庚》'暂遇奸宄'之遇。"

⑧ 大丈夫：有志气的人。厚：淳朴忠厚。薄：浅薄，不厚道。

【译文】

具有上德的人不求有所得，所以能保持上德；下德的人，不肯失掉外物追求有所得，因此而不具上德；具有上德的人，无为而无所不为；下德的人，就有为而有所不为了。

尚仁的人为之，而没有求得报答的目的；尚义的人为之，就有求报的目的了；尚礼的人努力倡导礼而没有人响应，就捋袖露臂，愤慨地强使人们从礼。

所以失道就失德了，失德之后就提倡仁，失仁之后就提倡义，失义之后就提倡礼。

礼这个东西标志着忠信的衰败，忠信的衰败就成为天下大乱的根源。前面讲述的尚仁、尚义只是道的外表，自失道之后邪伪就出现了。因此，有志之士始终处于"上德"的境界而不处于尚礼的境界，处于"上德"的境界而不处于尚仁、尚义的境界。所以要舍弃浅薄虚华而采取淳厚笃实。

第三十九章（一） 昔之得一者

【章旨】

老子认为宇宙天地之间，一切事物的特性都是由"一"（即道）决定的，如果失去"一"也就失去了特性。本章共分两段，第一段从正面讲得"一"的作用，第二段从反面讲不得"一"会有的种种结果，其重点是讲侯王的"得一"。

【原文】

昔之得一者①：天得一以清②；地得一以宁；神得一以灵③；谷得一以盈；万物得一以生；侯王得一以为天下贞④。其致之，一也⑤。天无以清将恐裂⑥；地无以宁将恐发⑦；神无以灵将恐歇⑧；谷无以盈将恐竭⑨；万物无以生将恐灭；侯王无以为贞将恐蹶⑩。

【音韵】

　　"昔之得一者：天得一以清；地得一以宁；神得一以灵；谷得一以盈；万物得一以生；侯王得一以为天下贞"，第一句不入韵，其下六句，句句为韵，"清""宁""灵""盈""生""贞"为韵，六字皆入耕部。"其致之一也"是句中自为韵，即"致""一"为韵，二字入质部。"天无以清将恐裂；地无以宁将恐发；神无以灵将恐歇；谷无以盈将恐竭；万物无以生将恐灭；侯王无以为贞将恐蹶"，句句为韵："裂""发""歇""竭""灭""蹶"六字皆入月部。

【注释】

　　① 昔之得一者：自古以来得道的。昔，久远。"得一"即得道，"一"指的是道。

　　② 以：连词，表示结果，"因而"的意思。

　　③ 神：精神，意识。

　　④ 侯王得一以为天下贞：河上公古本、王弼本、傅奕本、范应元本同，帛书甲本和乙本、伪河上公注本"贞"作"正"。范应元注曰："'贞'正也。"易顺鼎说："'贞'或作'正'，古字通用。"《尚书·太甲》："一人元良，万邦以贞。"上古谓"正"天下，以"贞"为之，《老子》故书应作"贞"。贞，"正"的假借字，平正，不偏斜的意思。

　　⑤ 其致之，一也：它们的本质都是由道决定的。其，代指天、地、

神、谷、万物、侯王。致，通"质"。之，助词，的。也，句尾语气词，表示判断。

⑥无：副词，不。以：助词，"能"的意思。将：副词，就。恐：在这里是代表说话的口气，不是指所有怀疑。裂：破裂。

⑦发：通"废"，地陷之义。

⑧歇：停止。

⑨竭：干涸。

⑩蹶：颠覆、垮台。　各本在"侯王无以为贞将恐蹶"之后皆有如下一段："故贵以贱为本，高以下为基。是以侯王自谓孤、寡、不穀，此非以贱为本邪？非乎？故致数誉无誉。不欲琭琭如玉，珞珞如石。"这一段是以"贵贱"为中心展开的议论，显然与上文"得一"的两段无法联属。清人姚鼐认为此章与四十二章相互错乱，四十二章"人之所恶，唯孤、寡、不穀，而王公以自称。故物或损之而益，或益之而损"为此章之错简。姚说是将两者合而为一，成为独立的一章，意义连贯、完整，于理于文皆自成系统。故将原三十九章分为两章，为了便于翻检，题为三十九章（二）。

【译文】

古代得一（道）的：天得到一，因而清明；地得到一，因而安宁；精神得到一，因而灵慧；山谷得到一，因而满盈；万物得到一，因而生长；侯王得到一，因而使天下正。它们的本质都是由一决定的。

天不能保持清明，恐怕就要破裂；地不能保持安宁，恐怕就要陷落；精神不能保持灵慧，恐怕就要完竭；山谷不能保持满盈，恐怕就要干涸；万物不能保持生长，恐怕就要死灭；侯王不能保持清正，恐怕就要垮台。

第三十九章（二） 虽贵，必以贱为本

【章旨】

　　此段是讲道的作用的，即道是宇宙的本体，是万物存在的基础，是生命的源泉。因此老子以"贵贱"为例展开论述。旨在告诉我们，为人处世，要不忘根本，要知道"处下""居后""谦卑"，这样才能利而无害。

【原文】

　　虽贵，必以贱为本；虽高，必以下为基①。是以侯王自称孤寡、不穀②，此其以贱为本也！非与③？人之所恶④，唯孤寡、不穀，而侯王以自称，故致数誉无誉⑤；故物或益之而损⑥，或损之而益。不欲琭琭如玉⑦，珞珞如石⑧。

【音韵】

"虽贵,必以贱为本;虽高,必以下为基","本""基"为韵,"本"入文部,"基"入之部,二部元音相同,故可谐韵。"是以侯王自称孤寡、不穀,此其以贱为本也!非与?人之所恶,唯孤寡、不穀,而侯王以自称,故致数誉无誉",基本上是交韵而略有变通:"穀""恶""穀"为韵,三字入屋部;"与""誉"为韵,二字入鱼部。"故物或益之而损,或损之而益。不欲碌碌如玉,珞珞如石","益""石"为韵,二字皆入锡部。

【注释】

① 虽贵,必以贱为本;虽高,必以下为基:各本句首皆有"故"字,姚鼐、马叙伦、高亨认为是衍文,为后人所益。各本大都无二"必"字,《战国策·魏策》《淮南子·道应训》所引和景福碑、顾欢本、陆希声本、司马光本以及《群书治要》《意林》皆有二"必"字。显然有二"必"字于义为长。

② 孤寡、不穀:侯王对自己的谦称。孤云孤独,寡云少德,不穀有不善之义。

③ 此其以贱为本也!非与:河上公古本、王弼本作"此其以贱为本邪,非乎"。至于感叹词作"与"作"乎"作"邪"作"也",难以考实,但第一个感叹词,似作"也"为长。此句意为:这是以贱为本啊!不是吗?

④ 恶:讨厌。

⑤ 故:连词,因此、所以。致:求、达到。数:多次、屡次。誉:荣誉。

⑥ 物:在这里是指事情而言,不是指物体而言。或:状语,有时。

⑦ 欲:助动词,要。碌碌:形容玉圆润漂亮。

⑧ 珞珞:形容石头坚硬朴实。

【译文】

虽贵,必须以贱为根本;虽高,必须以下为基础。因此侯王自称"孤""寡""不穀",这是以贱为根本啊!不是吗?人们最厌恶的就是"孤""寡""不穀",而侯王却用它称呼自己,所以追求荣誉反而没有荣誉;

因为事情有时增益它反而减损了它，有时减损它反而增益了它。不要把自己看成珍贵的宝玉，而应看成普通的石头。

第四十章 反者道之动

【章旨】

本章用简洁的语言表述了"道"的运动规律及其作用,从而说明了万物之间有无相生的道理,体现了老子的宇宙观。

【原文】

反者道之动①;弱者道之用②。天下之物生于有,有生于无③。

【音韵】

"反者道之动;弱者道之用","动""用"为韵,二字皆入东部。"天下之物生于有,有生于无","有""无"押韵,"有"入之部,"无"入鱼部,这是之鱼合韵。《诗经》中也有之鱼押韵的,而在《老子》书中之鱼合韵则是通例。

【注释】

① 反:往返、来回。者:助词,指具有某种性质、状态的事物。之:助词,的。

② 弱:柔弱。用:作用、运用。

③ 天下之物生于有,有生于无:帛书甲乙本、傅奕本、范应元本皆同

此，现通行本"之物"作"万物"。马叙伦说："弼注曰：'天下之物皆有以为生'，是王亦作'之物'。今作'万物'者，后人据河上公本改也。"作"万物""之物"于义无殊。"万物"并非说是一万种物，而是包括所有的物。有的地方不作"之物"而作"万物"，乃行文的关系，如第一章不能说成"无，名天地之物之始；有，名天下之物之母"，那样就蹩脚了，更不成诗了。盖有不明此理，为求与第一章一律，而妄改"之物"为"万物"的。无，指道。

【译文】

　　循环往复是道的运动，守柔处弱是道的运用。天下万物都是从有产生的，有是从无产生的。

第四十一章　上士闻道

【章旨】

本章承上章讲道与物相反的道理，共分两段：第一段讲三种层次的人士对"道"的理解与态度，第二段讲道与物相反的哲理及其应用。

【原文】

上士闻道①，勤而行之②。中士闻道，若存若亡③。下士闻道，大而笑之④；不笑，不足以为道⑤。

故《建言》有之⑥："明道若昧⑦；进道若退；夷道若纇⑧。"故上德若谷⑨，广德若不足，建德若偷⑩，质德若渝⑪。大白若辱⑫，大方无隅⑬，大器晚成，大音希声，大象无形，大道无名⑭。夫唯道善始且善成⑮。

【音韵】

"上士闻道，勤而行之。中士闻道，若存若亡。下士闻道，大而笑之；不笑，不足以为道"，前四句是交韵，即"道"与"道"押韵，"道"入幽部；"行""亡"为韵，二字入阳部。第一句、第三句又与下文"道""笑""道"为韵，"笑"入宵部，此为幽宵合韵。"故《建言》有之：'明道若昧；进道若退；夷道若纇'"，第一句不入韵，其下三句"昧""退""纇"为韵，三字皆入物部。"故上德若谷，广德若不足，建德若偷，质德若渝"，"谷""足""偷""渝"相谐，句句为韵；又与下段"大白若辱，大方无隅"之"辱""隅"为韵，"谷""足""辱"入屋部，"偷""渝""隅"入侯部，此为侯屋通韵。"大器晚成，大音希声，大象无形，大道无名。夫唯道善始且善成"，亦句句为韵："成""声""形""名""成"押韵，四字入耕部。

【注释】

①上士：上等的士人。道：指宇宙本体。

②勤：努力；尽心尽力做。而：同"能"，能够。《玉篇·而部》："而，能也。"之：代指道。

③亡：不存在。

④大而笑之：河上公本、王弼本作"大笑之"。王念孙说："'大笑之'本作'大而笑之'，犹言迂而笑之也。牟子《理惑论》引《老子》，正作'大而笑之'。《抱朴子·微旨篇》亦云'大而笑之'，其来已久矣。是牟、

葛所见本皆作'大而笑之'。"俞樾说:"今按王说是也。'下士闻道,大而笑之'与上文'上士闻道,勤而行之'两句相对。"而,表示因果关系,相当于"因而"。清吴昌莹《经词衍释》卷七:"而,犹故也。"

⑤足以:助动词,能够,可以。

⑥故:同"夫",发语词。《建言》:书名。

⑦道:道路。昧:暗昧。

⑧夷:平坦。纇:不平。

⑨各本在"故上德若谷"之后皆有"大白若辱"一句,高亨说:"此句当在'大方无隅'句上。同'德'字诸句相依,其证一也。同'大'字诸句相依,其证二也。"今据高亨说移后。故:连词,因此、所以。谷:马叙伦说:"'谷',俗之省也。言高上之德反如流俗,即和光同尘之义。"

⑩建:同"健",《释名·释语言》曰:"建,健也,能有所建为也。"偷:高亨说:"偷借为愞。《说文》:'愞,弱也。'建德若偷,犹言强德若弱耳。偷与愞古通用。"

⑪"质德若渝",河上公本、王弼本作"质真若渝",傅奕本作"质直若渝"。刘师培说:"上文言'广德若不足,建德若偷',此与并之,疑'真'当作'德',盖'德'字古文作'悳',与'真'相似也,'质德'与'广德''建德'一律。"高亨说:"刘说是也。盖《老子》原书'德'字悉作'悳',后人又改作'德'。此句误作'真'或'直',不然,亦必改作'德'矣。"质:充实、朴实。渝:通"窬"(yú),空虚。

⑫辱:污黑。

⑬隅:方角。

⑭"大道无名",各本皆作"道隐无名",高亨说:"'道隐无名'疑当作'大道无名',盖'大'字转写脱去,后人以意增'隐'字耳。"按:高说是。作"大道无名"与前四句句法一律,亦与首段相照应。名,同"明",显明。

⑮夫唯:夫,发语气;唯,副词,只有。善:善于。始:初始,即道体。且:姑且、暂且。成:成功、成效。

【译文】

　　上士听了道，努力去实行。中士听了道，将信将疑。下士听了道，则因道大而发笑；不笑，那就不能够成为道了。

　　《建言》有这样的话："光明的道路，好像暗昧；前进的道路，好像后退；平坦的道路，好像崎岖"。所以，崇高的德，好像同于流俗；宽广的德，好像不足；刚健的德，好像怯懦；充实的德，好像空虚；最白的东西，好像黑的；最方的东西，没有四角。大器物总是很晚才能完成；大音听不见声；大象看不见形；大道幽隐而不明，只有善于透过道的现象，姑且能看出成效来。

第四十二章　道生一

【章旨】

本章是讲道的功用。老子认为万物都由阴阳构成，而阴阳的平衡和谐无不是道的作用。

【原文】

道生一，一生二，二生三，三生万物①。万物负阴而抱阳②，冲气以为和③。

【音韵】

本章无韵，这在《道德经》中是个别的。但读起来有节奏感，顺嘴上口，所以它也是诗。它同《诗经》中七篇无韵的颂诗相近。

【注释】

①道：指宇宙本体。生：固有，本来的意思。一：指整体。二：指阴阳。《易经·系辞传》说："易有太极是生两仪。""太极"就是"道"，"两仪"就是阴阳。三、指阴阳和冲气。

② 万物负阴而抱阳：万物都具有阴和阳。"负""抱"都有"怀藏"的意思。

③ 冲气：即能量，亦即道。冲，《说文》："冲，涌摇也。""涌摇"即涌动、激荡之意。气，指形成宇宙万物的最根本物质。以为：能使。以，能够，为，动词，使。和：和顺、和谐。

在"冲气以为和"之后，各本皆有"人之所恶，唯孤寡、不榖，而侯王以自称。物或损之而益，或益之而损。人之所教，以我所以教人，强梁者不得其死，吾将以为教父"一段话，高亨认为当为另一章。马叙伦认为这一节是三十九章的错简，自"人之所恶"以下，显然不是此章原文。马说是。这一段同"道生一"至"冲气以为和"，确实在内容上无法连接，在文气上也不连贯，而将"人之所教"以前几句移在三十九章却很合拍。三十九章讲到"侯王自称孤寡、不榖"，这里正是对它所作的解释。"人之所教，亦我所以教人，强梁者不得其死，吾将以为教父"，则由七十六章错简而来。帛书甲本、乙本皆有自"人之所恶"以下一段，可知错乱很早，盖在战国之时由竹书错简造成。

【译文】

道本来是一，一本来是二（阴、阳），二本来是三（阴、阳、冲气），万物都是由三者生成的，万物背阴而抱阳，冲气能够使阴阳达到和谐。

第四十三章　天下之至柔

【章旨】

本章进一步讲道的功用，共分两层：一层是"至柔"，一层是"无为"。这两个论点只有论断而无论证，留下空间让人思索。

【原文】

天下之至柔①，驰骋于天下之至坚。无有，入于无间②。

吾是以知无为之有益也③。不言之教，无为之益，天下希及之矣④。

【音韵】

"天下之至柔，驰骋于天下之至坚。无有，入于无间"，为交韵，即"坚"与"间"为韵（偶句），"坚"入真部，"间"入元部，此为元真通韵；"柔"与"有"为韵（奇句），"有"入之部，"柔"入幽部，这是之幽合韵。"无有"虽仅二字，但是个音乐句，朗诵时拖长声调，以与"天下之至柔"谐韵。"吾是以知无为之有益也。不言之教，无为之益，天下希及之矣"，

"益""益""之"为韵,"之"入之部,"益"入锡部,之锡是邻近韵部,故可谐韵。"也""矣"亦入韵,所以还是富韵。

【注释】

①之:的,助词。至:副词,最。柔:喻指道。

②"驰骋于天下之至坚。无有,入于无间",傅奕本、河上公本、王弼本皆无"于"字,范应元本有,并注曰:"《淮南子》有'于'字,与古本合。"于语法求之,此"于"字当有,无介词,句子不完整。驰骋:本意是马奔疾速,后用来形容迅速之貌。于:在,介词,表示行动的时间、处所。无有:空,即看不见形象的东西。这里指"道"。无间:没有间隙、没有间隔。

③"吾是以知无为之有益也",傅奕本如此,王弼本则缺"也"字。以文气求之,傅奕本为长。是以:由此、因此。益:好处。

④"不言之教,无为之益,天下希及之矣",傅奕本如此,王弼本则缺"矣"字。以文气求之,傅奕本为长。希:少。及:达到。之:助词,的。

【译文】

天下最柔弱的东西,在天下最坚硬的东西中穿来穿去。无形的力量能够穿透没有空隙的东西。我由此知道了"无为"的益处。"不言"的教导,"无为"的益处,天下人很少能够做得到。

第四十四章　名与身孰亲

【章旨】

本章继前章讲"无为"（中和）的道理，旨在教人不要轻身去争身外的名利和财物，能做到知足知止，便可平安长久，从而体现出老子的人生观。

【原文】

　　míng yǔ shēn shú qīn　　shēn yǔ huò shú duō
　　名与身孰亲①？身与货孰多②？
dé yǔ wáng shú bìng
得与亡孰病③？
　　　　shì gù shèn ài bì dà fèi　　duō cáng bì hòu wáng
　　　　是故甚爱必大费；多藏必厚亡④。
zhī zú bù rǔ　　zhī zhǐ bú dài　　kě yǐ cháng jiǔ
知足不辱，知止不殆，可以长久。

【音韵】

　　本章各句皆句中自为韵。"名与身孰亲"，"身""亲"为韵，二字皆入真部。"身与货孰多"，"货""多"为韵，二字皆入歌部。"得与亡孰病"，"亡""病"为韵，二字皆入阳部。"甚爱必大费"，"爱""费"为韵，二字皆入物部。"多藏必厚亡"，"藏""亡"为韵，二字皆入阳部。"知足不辱"，"足""辱"为韵，二字皆入屋部。"知止不殆，可以长久"，"止""殆"

为韵,"以""久"为韵,又"殆""久"为韵,四字皆人之部。

【注释】

①名:名誉、名利。身:指生命。孰:疑问代词,哪个。亲:爱。

②货:财物。多:贵重、重要。

③亡:丢失、失去。病:害、损害。

④"是故甚爱必大费;多藏必厚亡",伪河上公注本、顾欢《道德真经注疏》本、景龙碑、李荣《道德真经义解》无"是故"二字。按:这两句承上句而言,应有"是故"二字。甚:过分。费:费用。厚:多。

【译文】

名利和生命哪一个可爱?生命和财物哪一个重要?得到名利、财物而丧失生命哪一个更有害?

因此,过分爱名利必定付出更大代价,过多储藏财物必定招致更多损失。知道满足不会遭受侮辱,知道适可而止不会带来危险,这样就可以平安长久。

第四十五章　大成若缺

【章旨】

本章通过论述假象与本质的辩证关系，深刻揭示了"无为"即中和的作用。

【原文】

大成若缺①，其用不敝②；大盈若盅，其用不穷③。大直若诎④，大巧若拙⑤，大辩若讷⑥，大赢若绌⑦。寒胜趯⑧，静胜热⑨，知清知静⑩，为天下正⑪。

【音韵】

"大成若缺，其用不敝"，"缺""敝"为韵，二字入月部。"大盈若盅，其用不穷"，"盅""穷"为韵，又两句各自为韵，"盈""盅"

为韵,"用""穷"为韵,"盈""盅""穷"入耕部,"用"入东部,东耕为邻近韵,可以通谐。"大直若诎,大巧若拙,大辩若讷,大盈若绌","诎""拙""绌"为韵,三字皆入物部。"寒胜趮,静胜热",不入韵。"知清知静,为天下正","静""正"为韵,二字皆入耕部。

【注释】

① 大成:对物而言,指完备或完美;对人而言,指大的成就或成功。若:好像。缺:缺陷、欠缺。

② "其用不敝","敝"字;河上公古本、傅奕本及《韩诗外传》九所引皆同,王弼本与诸唐本皆作"弊"。按:以作"敝"为是,此"敝"字即二十二章"敝则新"之"敝"。"弊"乃"敝"之假借字。其:称代第三者,它、他。用:作用。敝:衰竭、衰败。

③ "大盈若盅,其用不穷",河上公古本、王弼本作"大盈若冲",范应元本作"大满若盅"。按:应作"大盈若盅"。马叙伦说:"'盈'字是故书。"蒋锡昌说:"'满'字以汉惠帝讳而改。"盅,《说文》"器虚也。"老子此文正是以虚器盅喻空虚,与四章"道盅而用之又不盈"相同,"冲"乃假借字。盅:空虚。穷:穷尽。

④ "大直若诎","诎"字,傅奕本、范应元本、帛书甲本皆同,河上公本、王弼本作"屈"。范应元注曰:"'诎'音屈,枉曲也。太史公司马谈同古本。"《韩诗外传》九引《老子》亦作"诎"。按:应以作"诎"为是。诎:弯曲。

⑤ 拙:笨拙。

⑥ 讷:说话迟钝,口齿不利。

⑦ "大赢若绌",各本无,据帛书增补。赢:丰裕。绌:不足。

⑧ "寒胜趮",河上公本、王弼本作"趮胜寒"。马叙伦说:"以理推之,当作'寒胜趮'。"马说甚是。"寒胜趮"正与"静胜热"相对为文,"寒"与"静"相应,"趮"与"热"相应。趮:通"燥",干热。

⑨ 热:内心焦躁。

⑩ 知:主持、掌管。

⑪为：动词，使。正：整治、治理。

【译文】

　　最完备的东西好像欠缺，它的作用不会衰竭；最充实的东西好像空虚，它的作用不会穷竭。最直的好像弯曲，最巧的好像笨拙，最善辩的好像口讷，最丰裕的好像不足。寒气可以克服干热，安静可以克服焦躁，清静无为，才能治理好天下。

第四十六章　天下有道

【章旨】

　　本章从历史哲学的角度讲"无为"的功用，旨在教人不可纵欲而为，纵欲而为的结果必然造成祸患、灾难。

【原文】

　　天下有道①，却走马以粪耰②；天下无道，戎马生于郊③。罪莫大于多欲④，祸莫大于不知足，咎莫憯于欲得⑤。故知足之足，常足矣⑥。

【音韵】

　　"天下有道，却走马以粪耰；天下无道，戎马生于郊"，句句为韵，"道""耰""道""郊"为韵，"道""耰"二字入幽部，"郊"入宵部，此为幽宵合韵。"罪莫大于多欲，祸莫大于不知足，咎莫憯于欲得。故知足之足，常足矣"也是句句为韵，"欲""足""得""足"为韵，"欲""足"入屋部，"得"入职部，两者为邻近韵，当可以押韵。"故知足之足，常足矣"又是句中自为韵,即句中"足"字与句尾"足"字押韵。

【注释】

①道:指社会政治秩序。

②却走马以粪耰:"耰"各本皆无此字。劳健说:"'播'字番声,古音与'粪'字类同。此句义当作'播',布种也……惟'播'字与'郊'字无由谐韵,疑'播'字下或脱一'耰'字。如《孟子·告子上》'今夫麰麦播种而耰之',是也。《说文》:'耰,摩田器也。'徐锴曰:'布种后以此器摩之,使土开发复合,以覆种也。'盖既播而耰,农功之常,今北地耕者,固各有其器,皆驭驴马为之也。"劳健此说,言之成理,持之有故。却,驱使之意。走马,天马,即战马。以,动词,带着、拉着。粪耰,泛指耕种。耰是平整土地的一种农具,俗称"碾子"。

③戎马:战马。于:介词,在。郊:按照周朝制度,离城五十里为近郊,一百里为远郊,这里泛指野外。

④罪莫大于多欲:王弼本无此句,其他各本皆有,唯作"罪莫大于可欲"。《韩诗外传》九引作"罪莫大于多欲"。孙诒让说:"作'多欲',义较长。"高亨说:"'可'当作'多',孙说是也。'罪莫大于可欲',义不可通,因'罪'属于人,而'可欲'属于物,若云人之罪莫大于可欲之物,直不成辞,当据《韩诗》改之。"按:高说甚是。莫,没有。于,介词,比。

⑤咎莫憯于欲得:傅奕本、范应元本同此,河上公本、王弼本"憯"皆作"大"。范应元注曰:"憯音惨,痛也。"刘师培说:"《解老篇》此语上文云:'若痛杂于肠胃之间,则伤人也憯,憯则退而自咎',即释此'憯'字之义也。'憯'与痛同,犹言'咎莫痛于欲得'也。《老子》古本必作'憯',傅本犹然。今本作'大'盖后人以上语'大'字律之耳。"咎:灾害、灾祸。

⑥足:满足,充足。

【译文】

　　国家政治安定,人们驱使战马耕种土地;国家政治混乱,战马在郊野生下马驹。罪过没有比私欲更严重的了,祸害没有比不知足更大的了,灾殃没有比贪得无厌更惨痛的了。所以知道满足的足,才是永远的充足。

第四十七章　不出于户

【章旨】
　　本章是讲认识论的。在理解《道德经》的认识论时，须注意《道德经》的全部理论是围绕宇宙本原的"道"展开的。老子探讨的是怎样领悟"道"的问题，所以认识论主要是讲怎样悟"道"的理论，这与现行哲学教科书所讲的认识现实中具体事物的理论是不同的。认识"道"不是靠感觉去认识，而是靠悟性去领悟，即通过去除私欲与妄见的蔽障，内修本明的智慧，以本明的智慧、虚静的心境去览照万物，去了解万物的运行规律。

【原文】

不出于户，可以知天下。不窥于牖，可以知天道①。其出弥远，其知弥尠②。

是以圣人不行而知，不见而名③，不为而成④。

【音韵】

头六句，句句为韵，两句一换韵。"不出于户，可以知天下"，"户""下"为韵，二字皆入鱼部。"不窥于牖，可以知天道"，"牖""道"为韵，二字皆入幽部。"其出弥远，其知弥尟"，"远""尟"为韵，二字皆入元部。"是以圣人不行而知，不见而名，不为而成"，第一句不入韵，第二句和第三句"名""成"为韵，二字皆入耕部。

【注释】

①"不出于户，可以知天下。不窥于牖，可以知天道。""不出于户""不窥于牖"二句，《韩非子·喻老》《吕氏春秋·君守》所引，帛书甲本、乙本皆有二"于"字，其他各本皆无"于"字。按：《老子》原本当有"于"字。"不出于户""不窥于牖"即俞樾等所说上古语法"倒句例"或"倒字为句"例。这两句所以倒字为句，与押韵有关："户"与"下"为韵（二字皆入鱼部），"牖"与"道"为韵（二字皆入幽部）；如不倒字为句，就失韵了。无"于"字者，可能是汉以后，"倒字为句"语法已不为人们所理解，传抄者因而删去"于"字。"可以知天下""可以知天道"，傅奕本及《韩非子·解老》所引皆如此，帛书甲本和乙本及《淮南子·道应训》所引无"可"字，作"以知天下""以知天道"，河上公本、王弼本则作"知天下""知天道"。如无"可"字，则成了"不出于户"用以"知天下"了，显然于义不通。于：介词，从。户：门户，一扇为户，两扇为门。窥：偷看。牖：窗户。天道：天体的运行规律。

②"其出弥远，其知弥尟"，傅奕本、范应元本皆如此，今存其他各本"尟"作"少"。劳健说："范注：'尟字，韩非、王弼同古本。'按：'远''尟'二字为韵，作'尟'是也。今韩非与诸王本皆作'少'，或传刻所改。"劳健说是。尟读鲜，与"远"同入元部，如作"少"，则失韵。其：反身代词，指自己。出：从里面到外面，这里指精神外驰。其：代指说话人或对话人。弥：副词，更加、越来越。尟：同"鲜"，会意字，甚少的意思。

③见：察看。而：通"能"，能够。名：通"明"，明白，明了。

④ 不为：即无为。成：成功。

【译文】

不走出家门，可以知天下的事理。不看窗外，便知天道的运行规律。出去得越远，对道的认识越少。

所以圣人不出行，就能知晓，不察看就能明白，无为就能成功。

第四十八章　为学日益

【章旨】

本章是对上章道理的说明，共分三段。第一段讲"为学"与"为道"的不同，即为学是增加知识，为道是减少私欲，只有减少私欲，才能达到"无为"的境界。第二段讲"无为"是治理天下的总原则。第三段讲治邦内之事与对外用兵的不同。

【原文】

为学者日益，为道者日损①；损之又损，以至于无为②。无为则无不为③。将欲取天下者，当以无事④。及其有事，不足以取天下⑤。

以正治邦，以奇用兵，以无事取

tiān xià　　wú hé yǐ zhī qí rán zāi　　yǐ cǐ
天下。吾何以知其然哉？以此⑥。

【音韵】

　　"为学者日益，为道者日损；损之又损，以至于无为。无为则无不为"，第二句"损"字与第三句"损"字为韵，第一句"益"字与第四、五句"为"字谐韵，这即是所谓的"抱韵"而略有变通。"益"入锡部；"为"字通常入歌部，但在楚音中入支部，支锡合韵也是《诗经》的通例。"将欲取天下者，当以无事；及其有事，不足以取天下"也是抱韵："下""下"为韵，"下"字入鱼部；"事""事"为韵，"事"字入之部；此为之鱼合韵。"以正治邦，以奇用兵"，"邦""兵"为韵，"邦"通常入东部，但在楚音中入阳部；"兵"入阳部。"以无事取天下。吾何以知其然哉，以此"，"下""哉""此"为韵，"下"入鱼部，"哉"入之部，"此"入支部，之鱼合韵乃是通例，之支为邻近韵部，故三者可以押韵。

【注释】

　　①"为学者日益，为道者日损"，帛书乙本、傅奕本、范应元本皆同此，河上公古本、王弼本无两"者"字。范应元注曰："傅奕、严遵与古本有'者'字。"马叙伦说："《庄子·知北游》篇引有'者'字。"蒋锡昌说："二十章王注：'下篇为学者日益，为道者日损'，系引此章经文，可证王本二'日'字上亦有'者'字，当据补正。"为学者：求学问的人。日益：一天天增加。为道者：求道的人。日损：一天天减少。

　　②以至于无为：使自己达到"无为"的境界。于：介词，到。

　　③无为则无不为：无为就能够无所不为。

　　④"将欲取天下者，当以无事"，河上公古本、王弼本无"将欲"二字，王弼本且无"者"字，傅奕本、严遵本如上文。详其文义，以傅奕本为长。"当"原作"常"。俞樾说："按'常'乃'当'字之误。河上公注曰：'取，治也，治天下常当以无事'，疑河上原注作'治天下当以无事'。后人因

经文讹作'常',因于注文增入'常'字耳。"将欲:助动词连用,想要、希望。取:治理。当:应该、应当。无事:即"无为",即政事不繁苛。

⑤及:连词,如果。其:表示祈使,是。有事:即政事繁苛。足以:助动词,能够,可以。

⑥"以正治邦,以奇用兵,以无事取天下。吾何以知其然哉?以此。"此段原为五十七章的第一段。马叙伦说"这一段乃四十八章之错简",此说是。这一段在五十七章与下文不相属,而移于此章则若合符节。但此段第一句,各本多作"以正治国",帛书甲本和《韩非子·解老》作"以正治邦"。按:作"邦"字为是,与下句"兵"字谐韵。以正治邦:用正道治国。奇:计谋。其:代指"以正治邦,以奇用兵,以无事取天下"。然:代指所述的这些情况。以此:连词性的介宾词组,表示结果或结论。以,介词,根据;此,代词,代指"无为则无不为"。

【译文】

求学问的人,知识一天天增加;求道的人,私欲一天天减少,减少又减少,以至达到"无为"。"无为"就能够无所不为了。

治理天下,应当采取"无为"的方针。如果政事繁苛,那是不能够治理好天下的。

以"正"治国,以"奇"用兵,以"无事"治理天下。我是怎么知道应当这样做呢?就是根据"无为则无不为"的原则明白这个道理的。

第四十九章　圣人无常心

【章旨】

本章是对"无为"治道的引申。老子特别强调，一个领导人治理政事，一定要以百姓之心为心，千万不可妄为，只有这样才能把天下治理好。

【原文】

圣人无常心①，以百姓之心为心②。善者吾善之，不善者吾亦善之，德善矣；信者吾信之，不信者吾亦信之，德信矣③。圣人之在天下也④，歙歙焉⑤，为天下浑其心⑥；百姓皆注其耳目⑦，圣人皆孩之⑧。

【音韵】

"圣人无常心，以百姓之心为心"，二"心"字为韵，"心"字入侵部。"善者吾善之，不善者吾亦善之，德善矣"，三"善"字为韵，"善"字入元部；又"之""之""矣"三字韵，皆入之部，这即是所谓"富韵"。"信者吾信之，不信者吾亦信之，德信矣"，三"信"字韵，"信"入真部；又"之""之""矣"韵，这也是"富韵"。"圣人之在天下也，翕翕焉，为天下浑其心"，"翕""心"为韵。"翕"入缉部，"心"入侵部，两者元音相同，按照邻近韵可以相押的原则，两者是押韵的。"百姓皆注其耳目，圣人皆孩之"，"目""之"为韵，"目"入鱼部，"之"入之部，此为之鱼合韵。

【注释】

① 无常心：没有固定的成见。

② 以：介词，把。之：助词，的。为：当作、视作。心：心思、心愿。

③ "善者吾善之，不善者吾亦善之，德善矣；信者吾信之，不信者吾亦信之，德信矣"，傅奕本、严遵本、唐玄宗《御注》本、范应元本、释德清本皆同此，今王弼本无"矣"字。纪昀说王弼本有的刻本有两"矣"字。以语气求之，当有。者、之：代指人。德：通"得"，得到。

④ 在：在这里当"治"讲，但有其特殊性，即包含有不干涉的意思。

⑤ 翕翕焉："翕翕"，傅奕本、范应元本、王弼本皆作"歙歙"。歙通"翕"，但"歙"为后起字。翕翕，收敛、闭合。

⑥ 浑：浑厚。其：代指人。心：思想。

⑦ 百姓皆注其耳目：明释德清解释说："百姓皆注其耳目者，谓注目而视，倾耳而听，司其是非之昭昭。"皆，都。

⑧ 孩：当作婴儿看待。

【译文】

圣人没有固定的成见，把百姓的心愿当作自己的心愿。善良的人我以善良对待他；不善良的人我也以善良对待他，这样可使人人向善了；诚信的人我以诚信对待他，不诚信的人，我也以诚信对待他，这样可使人人诚信了。圣人的治理天下，收敛自己的私欲，使天下人思想淳朴，百姓都投注自己的耳目，圣人都把他们当作婴儿看待。

第五十章　出生入死

【章旨】

本章是讲"摄生"之道，也是十二、十三章的引申，旨在教人善于养护生命。

【原文】

出生入死①，生之徒十有三②，死之徒十有三；而人之生生，动皆死之地③，亦十有三。夫何故也？以其生生之厚也④。夫无以生为贵者，是贤于贵生也⑤。盖闻善摄生者⑥，陵行不遇兕虎⑦，入军不被甲兵⑧；兵无所容其刃⑨，兕无所投其角，虎无所措其爪⑩。夫何故也？以其无死地焉⑪。

【音韵】

　　"出生入死，生之徒十有三，死之徒十有三；而人之生生，动皆死之地，亦十有三"，三个"三"字为韵，"三"字入文部。"夫何故也？以其生生之厚也"，押"也"字韵。"夫无以生为贵者，是贤于贵生也"，"者""也"为韵。又"生""生"为韵，"贵""贵"为韵，即所谓富韵。"盖闻善摄生者，陵行不遇兕虎，入军不被甲兵"，"生""兵"为韵，"兵"入阳部，"生"入耕部，此为耕阳合韵。"兵无所容其刃，兕无所投其角，虎无所措其爪"，"角""爪"谐韵，"爪"入幽部，"角"入侯部，是为幽侯合韵。"夫何故也？以其无死地焉"，"也""地"为韵，"也"入之部，"地"入支部，二者可以谐韵。

【注释】

　　① 出生入死：从生到死。《韩非子·解老》说："人始于生，而卒于死。始谓之出，卒谓之入，故曰'出生入死'。"

　　② 之：助词，的。徒：通"途"，途径、路径。十有三：即十三，不是十分之三。在古代，十分之一、十分之三……皆作"什一""什三"，有个别例外"什"作"十"者，但中间绝不加"有"字。"有"即"又"，零的意思。"十有三"是说的心、肝、脾、肺、肾、胆、口、两耳、两目、两鼻孔十三种器官，人从生到死靠这十三种器官营生，所以说是"生之徒"；中年以后，器官逐渐衰老，以至失去作用而死，所以又说是"死

之徒"。

③ 人之生生，动皆死之地：河上公本、王弼本有脱文，作"人之生，动之死地"，王弼本"人之生"误脱一"生"字，下文"以其生生之厚也"可证；傅奕本有衍文，作"人之生生而动，动皆死之地"，多"而动"二字，于义重复。易顺鼎说："《文选》鲍照代《君子有所思行》注引《老子》云：'人之生生，动皆死之地，十有三。'所引似可据。"生生，动宾结构短语，即过分地奉养生命。动，改变事物原来的状态。之：意动词，"到……去"。

④ "夫何故也？以其生生之厚也"，河上公本、王弼本无两"也"字，傅奕本无上"也"字，范应元本"也"字作"哉"，帛书甲本和乙本有两"也"字。两"也"字谐韵，应有。夫何故也：这是什么原因呢？"夫"，指示代词，这。以其：因为他。厚：多、过分。

⑤ "夫无以生为贵者，是贤于贵生也"原在七十五章末尾，从马叙伦说移此。这两句话在七十五章与上文、与全章无法联属，而移于此若合符节。其含意是：把生命看得贵重了，就必然"生生之厚"；"生生之厚"反而会害生，持相反的态度，则会益生，所以不把生命看得贵重，胜于把生命看得贵重。夫：发语词。无：副词，不。以：介词，把。贵：贵重。贤：多、胜过。

⑥ 盖：这里作发语词，引起议论，无意。摄生：养护生命。

⑦ 陵行不遇兕虎：帛书甲本、乙本同此，"陵行"各本作"陆行"。按：应作"陵行"，但"陵"不能解作"山陵"，而是与"陆"同义。以"陵"为"陆"乃春秋时期长江流域的约定成俗之语。《越绝书·兵法》以"船军"和"陵军"对举。"陵军"即指陆军。又《楚辞·天问》："释舟陵行"，毛奇龄《天问补注》云："解舟而陆行是也"。老子楚人，理应作"陵行"。兕，犀牛。

⑧ 入军：进入军阵，即战场。被：受、遭。

⑨ 王弼本"兵无所容其刃"在"虎无所投其蚤"之后，于韵不协，将其调至前面则协韵，上句后言"入军不被甲兵"，下句先言"兵无所容其刃"，即所谓"倒承法"，古书多有是例。容：通"庸"，用。

⑩ 虎无所措其蚤：帛书甲本、乙本同此，传世各本"蚤"皆作"爪"。

《老子》故书当作"蚤"。先秦文献多假"蚤"为"爪",战国初年的《墨子》凡"爪"字皆作"蚤",战国后期的书,如《韩非子》则作"爪"了。

⑪ "夫何故也?以其无死地焉",傅奕本、帛书甲本和乙本如此,河上公本、王弼本皆无"也"字,王弼本并无"焉"字。按:"也"字当有,与"地"字谐韵。"焉"字亦以有之为长,吟咏之可知。

【译文】

人从出生到死亡,生命的维持靠十三个器官,生命的死亡则是由于十三个器官的损伤;而人们的养生,改变身体自然的状态,走向死亡之地,也是这十三种器官。这是什么原因呢?是因为养生太厚反而伤身。所以对于保持健康,不以生命为贵重的反而胜过以生命为贵重的。

听说善于养护生命的人在大路上行走,不会遇见犀牛和老虎;在战场上不会受到伤害;兵器用不上它的锋刃,犀牛用不上它的锐角,老虎用不上它的利爪。这是什么原因呢?因为他没有进入死亡的范围。

第五十一章 道生之

【章旨】

本章是对"道"之用,即"德"的论述。老子认为"道"以"无为"的方式养育、成就了万物,但不以为有功,因而不去把持、占有万物,这就是"道"的根本品德。

【原文】

道生之,德形之,畜之,成之①。是以万物莫不尊道,而贵德。道之尊,德之贵,夫莫之命,而常自然②。故道生之,德畜之,长之育之,成之熟之③,盖之覆之。生而不有,为而不恃,长而不宰,是谓玄德④。

【音韵】

"道生之，德形之，畜之，成之"，"生""形""成"为韵，三字皆入耕部；三"之"字亦入韵，两字韵脚，称为"富韵"。"是以万物莫不尊道而贵德"，"道""德"为韵，"道"入幽部，"德"入职部，之幽合韵为《诗经》的通例，之职为邻近韵部，故"道"和"德"亦可谐韵。"道之尊，德之贵，夫莫之命，而常自然"，"尊""命""然"为韵，"尊""命"入真部，"然"入元部，此谓真元合韵。"故道生之，德畜之，长之育之，成之熟之，盖之覆之"，"畜""育""熟""覆"为韵，四字皆入觉部。五"之"字亦入韵。"生而不有，为而不恃"，"有""恃"为韵，二字入之部。"长而不宰，是谓玄德"，"宰""德"为韵，二字入职部。之职为邻近韵部，也可以说"有""恃""宰""德"押韵，为之职合韵。

【注释】

① "道生之，德形之，畜之，成之"，傅奕本、王弼本作"道生之，德畜之，物形之，势成之"。高亨说："'物形之，势成之'二句，义不可通，文必有误。"高说甚是。按：《老子》全书，此处"之"字当指"物"，"物形物"的确义不可通。之：代指第二段中的"万物"，此即《马是交通》所说的第二种用法，即"代后面才出现的前词"，因此，该句应作"道生之，德形之，畜之，故之"。畜：培养，养育。上对下的供养叫"畜"，下对上的供养叫"养"。如《史记·日者列传》："孝子以养其亲，慈父以畜其子"。

② 夫：语气词。莫：副词，表示否定，不是。常：同"固"，本来。自然：自己如此。

③ "成之熟之"，河上公本如此，傅奕本、王弼本和帛书甲本、乙本皆作"亭之毒之"。劳健说："亭毒与成熟声韵皆相近，或古有互训之义，亭毒犹成熟也。"高亨说："亭当读为成，毒当读为熟。皆音同通用。"按：亭无成义，毒无熟义，与成熟不能互训。成、熟当为本字，亭、毒当为假借字。

④ 玄德：道的品德。"玄"即道。

【译文】

　　道产生万物，德赋予它形状，培养它，使它成长。

　　所以万物没有不尊道而贵德的。道的崇高，德的显贵，不是谁下命令给它的地位，而是它本来如此。

　　道产生万物，德培养它，使它生长、发育，使它成熟、结果，使它得到遮蔽保护。产生万物而不占有它，推动万物而不依赖它，育成万物而不做它的主宰，这就是道的最根本品德。

第五十二章　天下有始

【章旨】

　　本章是讲认识论的，与第四十七章相通，也等于是第二十二章的结论。第二十二章最后说"诚全而归之"，那么全归到那里呢？全归到万有生命的根源。这也就是说，认识事物要从万象中去追寻根源，去把握原则。

【原文】

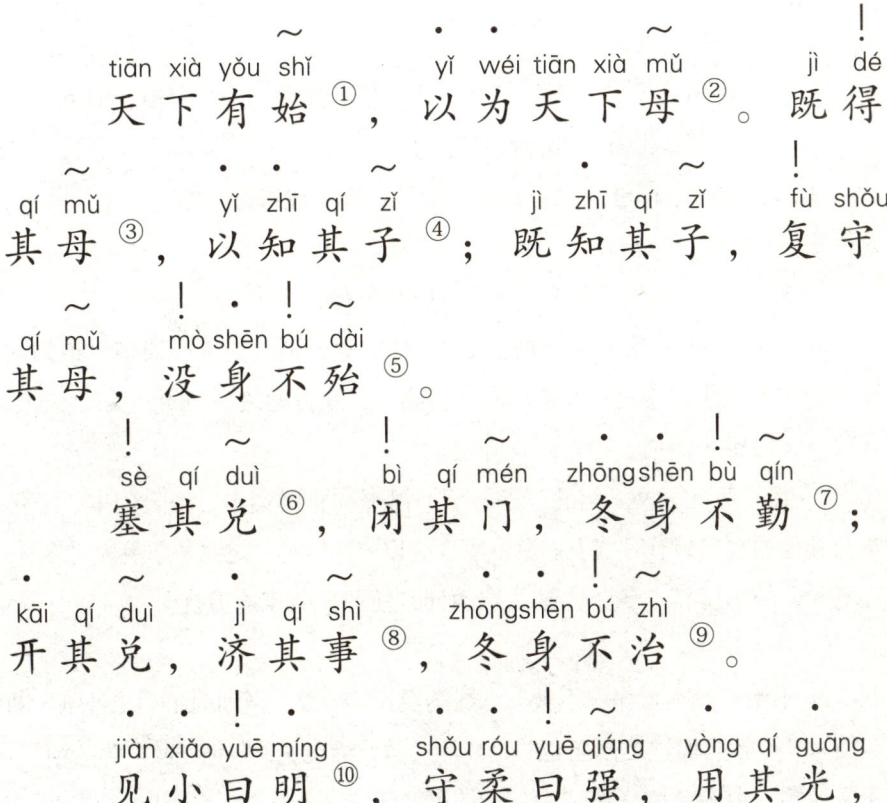

天下有始①，以为天下母②。既得其母③，以知其子④；既知其子，复守其母，没身不殆⑤。

塞其兑⑥，闭其门，冬身不勤⑦；开其兑，济其事⑧，冬身不治⑨。

见小曰明⑩，守柔曰强，用其光，

fù guī qí míng　　wú yí shēn yāng　　shì wèi xí cháng
复归其明⑪，无遗身殃⑫，是谓袭常⑬。

【音韵】

　　本章开头七句，句句为韵，七句一韵："始""母""母""子""子""母""殆"为韵，皆入之部。"塞其兑，闭其门，冬身不勤"亦句句为韵，三句一韵："兑""门""勤"为韵，三字皆入文部。"开其兑，济其事，冬身不治"，第一句不入韵，第二句"事"与第三句"治"字为韵，二字皆入之部。最后六句也是句句为韵，六句一韵："明""强""光""明""殃""常"为韵，这几个字皆入阳部。

【注释】

　　① 始：开始、开端。

　　② 以：代词，代指"始"。为：是，表示判断。母：根源，即道。

　　③ 得：晓悟、了解。其：代指万物。

　　④ 以：可以、能够。知：认识、识别。其：代指母，即道。子：儿子，这里指万物。

　　⑤ 复：返回、还。没身不殆：终身不会有危险。

　　⑥ 塞：隔阻、堵。其：代指认识主体。兑：通"隧"，通道、道路。清孙诒让《札迻》卷四："兑，当读为隧，二字古通用。"闭：关门。门：守门，《广雅·释诂》："门，守也。"

　　⑦ 此"冬"字及下句的"冬"字，帛书同，傅奕本、河上公本、王弼本及其他通行本皆作"终"。上古字少，以"四时尽"之"冬"字为"终"，《老子》故书应作"冬"。勤：意动词，使……劳累或劳扰。

　　⑧ 济：增加。

　　⑨ 不治：各本皆作"不救"。奚侗说："'救'当训为治。《吕览·劝学篇》'是救病而饮之以堇也'，高注'救，治也。'"训"救"为"治"，于义通顺，但不合韵。作"治"于韵谐，于义亦长。治，安定。

⑩ 见小曰明：伪河上公注："萌芽未动、祸生未见为小，昭然独见曰明"。曰，同"则"，就是。明，聪明。

⑪ 用其光，复归其明：元代吴澄说："水镜能照物为之'光'，光之体谓之'明'。用其照外之光，回光照内，复反而归藏于其体内之明也。"

⑫ 无遗身殃：不给自己留下灾殃。

⑬ 是谓袭常：帛书甲本、傅奕本、河上公古本等皆同此，王弼本、伪河上公注本"袭"字作"习"。马叙伦说："'袭''习'古通。《周礼·胥师》注曰：'故书袭为习'，是其例证。"蒋锡昌说："二十七章'是谓袭明'词例与此一律，可证应作'袭常'，'习'之与'袭'古虽并通，然王弼本作'习'不作'袭'也，顾本成疏'可为承袭常道'，是成亦作'是谓袭常'。"按：蒋说是。"习"当是"袭"的假借字，这里用其"承袭""因袭"之义，如作"习"，按其本义解，难通。句意为：这就叫因循道的法则。是，指示代词，这。谓，叫作。常，规律、法则。

【译文】

天下万物是有开始的，开始者就是万物的根源。既然了解了万物的根源，就能认识万物；既然认识了万物，返回来仍守住万物的根源，这样就终身不会有危险。

堵住嗜欲的通道，关上嗜欲的门户，终身都不会有劳扰之事；打开嗜欲的通道，增添纷杂的事情，就终身不能安定。

察见微小就是明，保持柔弱就是强；用其照外之光，回照体内之明，不给自己带来灾殃，这就叫因循道的法则。

第五十三章　使我介然有知

【章旨】

本章讲"无为"方针在政治上的应用，即"以正治国"。老子认为"道"的法则不是要社会帮助我们，而是要我们能帮助社会，不是要大家贡献我们，而是要我们能贡献大家。

【原文】

使我介然有知①，行于大道②，唯施是畏③。大道甚夷，而人好径④。朝甚除⑤，田甚芜，仓甚虚，服文采⑥，带利剑，厌饮食⑦，资财有余⑧，是谓盗夸⑨。盗夸，非道也哉⑩！

【音韵】

"使我介然有知，行于大道，唯施是畏。大道甚夷，而人好径"，基本上是交韵而略加变通。所谓交韵，即奇句与奇句为韵，偶句与偶句为韵，这里是"知""夷"为韵、"畏""径"为韵。"知"入支部，"夷"入脂部，两者为邻近韵，可以谐韵；"畏"入微部，"径"入文部，微文通韵也是《诗经》的通例。"朝甚除，田甚芜，仓甚虚，服文采，带利剑，厌饮食，资财有余，是谓盗夸"为抱韵。"除""芜""虚"与"余""夸"为韵，五字皆入鱼部；"采""食"为韵，"采"入之部，"食"入支部，之支通韵乃是《诗经》的通例。"盗夸，非道也哉"，"夸""哉"为韵，"夸"入鱼部，"哉"入之部，此为之鱼合韵。

【注释】

① 使：发语词。裴学海《古书虚字集解》卷九："'使'犹'夫'也。"介然：确定、坚信的样子。有：表示存在。知：认识，即认识的道。

② 行：用、施行。大道：即我们通常所说的"正途"或"正道"。

③ 唯：副词，只。施：邪。是：指示代词，有人、有些人。畏：怕。

④ 道：道路。甚：非常、很。夷：平、平坦。好：喜爱、喜欢。径：小路。

⑤ 朝：朝见的地方，朝廷。除：马叙伦说："'除'借为'污'，犹朽之作涂也。""污"，即社会风气、个人道德等的恶劣、腐败。

⑥ 服：穿戴。文采：有彩色花纹的丝织物。

⑦ 厌："猒"（yàn）的假借字，《说文》："猒，饱也，足也。"

⑧ 资财：物资、金钱。

⑨ 盗夸：盗，指贪欲，即以不正当手段谋取财物。夸，奢侈，《说文》："夸，奢也。"

⑩ "盗夸，非道也哉"，傅奕本如此。今河上公古本、王弼本皆不重复"盗夸"而字。《释文》作"盗夸非道也哉"，注云"河上本同"，是陆德明所见王弼本、河上公本重有"盗夸"二字。《老子》故书应重有"盗夸"，否则，语法不完整。

【译文】

我坚信我发现的道，是用于治国的正道；只怕有些人走邪道。大路非常平坦，而人却好走小路。

　　朝廷非常腐败，农田严重荒芜，仓库十分空虚，还穿着锦绣的衣服，佩戴着锋利的宝剑，饱餐着精美的饮食，占有过多的财富，这就叫贪欲、奢侈，这种行为是违背道的啊！

第五十四章　善建者不拔

【章旨】

本章是讲修德的。老子认为，一个人能将"道"建持于内心世界，外界是没有任何力量可以动摇得了的，从而阐明了修道育德的重要性。

【原文】

善建者不拔①，善抱者不脱②，子孙以祭祀不辍③。

修之于身，其德乃真；修之于家，其德乃余；修之于乡，其德乃长；修之于邦，其德乃丰；修之于天下，其德乃溥④。

故以身观身⑤，以家观家，以乡观乡，以邦观邦，以天下观天下。吾何以知天下之然哉⑥？以此⑦。

【音韵】

"善建者不拔，善抱者不脱，子孙以祭祀不辍"，"拔""脱""辍"为韵，三字皆入月部。其下五个分句，一句一换韵："修之于身，其德乃真"，"身""真"为韵，二字入真部；"修之于家，其德乃余"，"家""余"为韵，二字入鱼部；"修之于乡，其德及长"，"乡""长"为韵，二字入阳部。"修之于邦，其德乃丰"，"邦""丰"为韵，二字入东部；"修之于天下，其德乃溥"，"下""溥"为韵，二字入鱼部。其下五句，皆句中自为韵："以身观身"，二"身"字为韵；"以家观家"，二"家"字为韵；"以乡观乡"，二"乡"字为韵；"以邦观邦"，二"邦"字为韵；"以天下观天下"，二"下"字为韵。《诗经》中也有这种韵例，《老子》书中尤多。"吾何以知天下之然哉，以此"，"哉""此"为韵，"哉"入之部，"此"入支部，此为之支通韵。

【注释】

①善建者：善于立德的人。建，竖起、树立。拔：变易、动摇。

②善抱者：善于守道的人。抱，怀有；亦可释为"守持"。不脱：不脱离。

③以：能够。辍：停止、中止。

④"修之于邦"，傅奕本、范应元本、帛书甲本、韩非《解老》所引皆如此，帛书乙本以及其他各本"邦"皆作"国"。"邦"作"国"乃后

人避刘邦讳所改。首先指出这一点的是明人焦竑："'邦'作'国'，汉人避高帝讳改之，于韵不谐，今从韩非本。"傅奕本凡作"邦"谐韵者一律作"邦"，与韵无关者则作"国"，可见傅奕本犹存项羽妾墓出土本之旧。修：修养、修行。之：代指道。其：第三人称代词，他、他们。于：介词，表示方向，相当于"至""到"。德：与道相符的品德。溥：广大、普遍。

⑤以身观身：用自己的修养情况，领悟自己的前途。以，介词，用。身，自己。观，领悟。

⑥何以："以何"的倒装，凭什么、靠什么。然：代词，代指上文所述的情况。

⑦以此：以，介词，用。此，代指"以身观身"等五句。

【译文】

善于建树的人不会动摇，善于抱持的人不会脱落，（遵循这一原则）子孙就能够祭祀不绝。

将道贯彻到自身，他的德就纯真了；将道贯彻到家，他们的德就有余了，将道贯彻到乡，他们的德就久长了；将道贯彻到全国，他们的德就丰盛了；将道贯彻到全天下，高尚的德就在全天下普遍了。

所以，以己来观照己，以家来观照家，以乡来观照乡，以国来观照国，以天下来观照天下，我是怎么知道天下的情况呢？就是用这种方法来进行观察。

第五十五章　含德之厚

【章旨】

本章既是上章"以身观身"道理的发挥，也是第二十五章"道法自然"的引申说明。老子认为人能修德如婴儿般的自然纯真与柔和，就会遇物亦无伤。

【原文】

含德之厚，比于赤子①，毒虫不螫②，猛兽不据③，攫鸟不搏④。骨弱筋柔而握固，未知牝牡之合而朘作⑤，精之至也；冬日号而不嗄⑥，和之至也⑦。精和曰常⑧，知常曰明；益生曰祥⑨，心使气曰强⑩，谓之不道，不道蚤亡⑪。

【音韵】

"含德之厚，比于赤子，毒虫不螫，猛兽不据，攫鸟不搏"，第一句不入韵，其下四句，句句为韵："子"入之部，"螫""搏"入职部，"据"入鱼部，之职通韵、之鱼合韵是《诗经》的通例。"骨弱筋柔而握固，未知牝牡之合而朘作，精之至也；冬日号而不嗄，和之至也"，基本上是交韵而略有变通："固""作""嗄"为韵，"固""嗄"入鱼部，"作"入铎部，鱼铎通韵也是《诗经》的通例。"精和曰常，知常曰明，益生曰祥，心使气曰强，谓之不道，不道蚤亡"，"常""明""祥""强""亡"为韵，五字皆入阳部。

【注释】

① 赤子：婴儿。老子把婴儿特称赤子，主要是说明婴儿无私无虑，非常纯真。"赤"即纯真之义。

② "毒虫不螫"，河上公本及其他通行本皆如此，王弼本作"蜂虿虺蛇不螫"，俞樾说："按河上公本作'毒虫不螫'，注云'蜂虿虺蛇不螫'，是此六字乃河上公注也。王弼本亦当作'毒虫不螫'，后人依河上注羼入之。"螫：毒虫刺人，毒蛇咬人。

③ 据：抓住、按住。

④ 攫鸟：鹰隼之类的猛禽。搏：击打。

⑤ 朘：男孩子的生殖器。

⑥ 冬：通"终"。号：哭。哭有三种形态：有泪无声叫泣，有声无泪叫号，有泪有声叫哭。嗄：声音沙哑。

⑦ 和：阴阳均衡、调和。

⑧ "精和曰常"，各本皆作"知和曰常"。高亨说："'知和曰常'，义不可通，疑'知'当作'精'，盖'精'字转写脱去，读者以下句增'知'字耳。前文云'精之至也'，又云'和之至也'，故此总之曰'精和曰常'。常乃自然之义。此言精与和乃性之自然也。"

⑨ 祥："痒"（yáng）的假借字，病害。《尔雅·释诂》："痒，病也。"

⑩ 心使气曰强：欲望支配精气就是逞强。

⑪ "不道蚤亡"，"亡"，各本作"已"。易顺鼎曰："《内经》卷一王冰注引作'不道蚤亡'。"马叙伦说："臧《疏》已作亡。"高亨说："已当作亡，形近而伪。"此说是。惟三十章者当作"已"，与"道""老"谐韵；本章当作"亡"，与"强""祥""明""常"为韵。亡：死亡。

【译文】

道德涵养深厚的人，好比纯真的婴儿，毒虫不蜇他，猛兽不扑他，恶鸟不抓他。赤子骨弱筋柔，用手握物却很牢固，他不知男女交合，生殖器却常常勃起，这是精气十分充足的缘故。他整天号哭，嗓子却不沙哑，这是阴阳和谐达到了最佳状态。精气充足、阴阳和谐是自然规律，懂得规律就是明智；过度享乐就会遭殃；欲望支配精气就是逞强，这就叫违背自然之道，违背自然之道必定早亡。

第五十六章　知者不言

【章旨】

本章接上章讲修养的方法及修养的最高境界——"致中和"。

【原文】

知者不言，言者不知。塞其兑，闭其门，挫其锐，解其忿，和其光，同其尘，是谓玄同①。故不可得而亲，不可得而疏；不可得而利，不可得而害；不可得而贵，不可得而贱②，故为天下贵③。

【音韵】

"知者不言,言者不知",二"知"字为韵,"知"入支部。"塞其兑,闭其门,挫其锐,解其忿,和其光,同其尘,是谓玄同",为交韵而略有变通。"兑""锐"谐韵,二字入微部;"门""忿""尘"谐韵,三字入文部;"光""同"谐韵,"光"入阳部,"同"入东部,此为东阳合韵。"故不可得而亲,不可得而疏;不可得而利,不可得而害"也是交韵:"疏""害"为韵,二字入月部;"亲""利"为韵,"亲"入真部,"利"入质部,此为真质通韵。"不可得而贵,不可得而贱,故为天下贵",二"贵"字为韵,"贵"字入物部。

【注释】

①六"其"字代指的是后文"为天下贵者",即修道之人。兑:通"隧",道路。门:守门。挫:磨损。"解其忿"的"忿"字,严遵本、景龙碑、景福碑、遂州本、赵秉文本同王弼本作"分",河上公本、傅奕本、帛书甲本和乙本皆作"纷"。伪河上公注,于四章注曰:"忿,结恨也";于本章注曰:"纷,结恨不休",是其所据本作"忿"。作"忿",即解除其忿恨,与本文顺理成章,与老子精神全合。七十九章"和大怨"与此相通,"解其忿"亦即"和大怨",这是老子的一个重要思想。和:连词,同。尘:尘世,道家称一世为"一尘"。亦即现实世界。玄同:与道相统一。玄,即道;同,统一。

②伪河上公注本、傅奕本、帛书甲本和乙本六句"不可"之上皆有"亦"字,河上公古本、王弼本及其他通行本无"亦"字。按:《老子》是诗,以诗求之,"亦"字不应有,无"亦"字不害其义,有之,于诗而言则为赘词。不可得:不可能。得,助动词,"能"的意思。而:连词,表示动作因循相继,可译为"对""使"等。贵:尊贵。这六句话意指超出于亲疏、利害、贵贱之外。

③贵:尊重。

【译文】

知道的不说,不知道的瞎说。

(我来说说怎样修道吧):堵住嗜欲的孔窍,闭起嗜欲的门径,磨损锋芒,解除怨恨,收敛光耀,混同尘世,这就叫与道同一。

这样,人们就不可能对他亲近,不可能对他疏远;不可能使他得利,不可能使他受害;不可能使他尊贵,不可能使他卑贱;正因为如此,他能成为天下最受尊重的人。

第五十七章　天下多忌讳

【章旨】

　　本章通过正反两方面的对比论述了"无为而治"的益处，反映了老子一贯的政治主张。

【原文】

　　天下多忌讳①，而民弥贫②。民多利器③，国家滋昏④。民多技巧⑤，奇物滋起⑥。法令滋章，盗贼多有⑦。故圣人云："我无为而民自化，我好静而民自正，我无事而民自富，我无欲而民自朴。"

【音韵】

"天下多忌讳，而民弥贫。民多利器，国家滋昏"，"贫""昏"为韵，二字皆入真部。"民多技巧，奇物滋起。法令滋章，盗贼多有"，"起""有"为韵，二字皆入之部。"我无为而民自化，我好静而民自正"，两句不韵，但两句皆句中自为韵："为""化"为韵，二字通常入歌部，但在楚音中入支部。"静""正"为韵，二字入耕部。"我无事而民自富，我无欲而民自朴"，"富""朴"为韵，"富"入职部，"朴"入鱼部，二者为邻近韵，可以谐韵。

【注释】

① 忌讳：禁忌、禁令。

② 弥：副词，更加、越来越。贫：贫穷、缺乏财物。

③ 利器：锋利的武器。

④ 滋昏：滋生混乱。

⑤ "民多技巧"，河上公古本如此，今河上公本"技"作"伎"，乃"技"的异体。有的传本，"民"作"人"，王弼本亦作"人"。王注"民多智慧则巧伪生"，据注可知王弼本原作"民"，"人"字乃唐人为避唐太宗名讳所改。帛书亦作"民"。与上下文一律，当作"民"字。技：智巧，这里有机诈之意。王弼注："民多智慧则巧伪生"。

⑥ 奇物：奇怪的东西。

⑦ "法令滋章，盗贼多有"，傅奕本、王弼本、其他通行本及《史记》《汉书》所引皆如此。伪河上公注本"法令"作"法物"，并注曰："法，好也"。"法"训"好"无据。河上公古本作"法令"。大概有一种传本作"法物"。"法物"其意也是法令。"章"，上古字少，以"章"为"彰"，《老子》故书当作"章"。

这一章还有错简问题，在"天下多忌讳"之前，各本皆有"以正治国，以奇用兵，以无事取天下。吾何以知天下其然哉？以此"一段文字，这是四十八章的错简，移至四十八章"不足以取天下矣"之后。

【译文】

　　国家的禁令越多,百姓就越贫穷。民间的锋利武器越多,国家就会滋生混乱。人们的技巧越多,奇怪的东西就会出现。法令颁布的越多,盗贼反而多有。

　　所以圣人说:"我无为,民众就自然感化;我好静,民众就自然端正;我无事,民众就自然富足;我无欲,民众就自然淳朴。"

第五十八章 其政闷闷

【章旨】

本章是对什么是"无为"的解释。所谓"无为"就是"中和",就是中庸之道。治国理政只有用"中",才能把国家治理好。

【原文】

其政闷闷①,其民淳淳②;其政察察③,其民缺缺④。祸兮,福之所倚;福兮,祸之所伏;孰知其极⑤?其无正也⑥?正复为奇⑦,善复为妖⑧。人之谜也,其日固已久矣⑨。

是以圣人方而不割，廉而不刿⑩，直而不泄⑪，光而不耀⑫。

【音韵】

"其政闷闷，其民淳淳"，"闷""淳"为韵，二字入文部。"其政察察，其民缺缺"，"察""缺"为韵，二字入月部。"祸兮，福之所倚；福兮，祸之所伏；孰知其极？其无正也？正复为奇，善复为妖"，交错为韵："倚""也""奇"为韵，"伏""极"为韵，二字入职部，"妖"字不入韵。"人之迷也，其日固已久矣"，"迷""久"为韵，二字入之部。"是以圣人方而不割，廉而不刿，直而不泄，光而不耀"，"割""刿""泄""耀"为韵，四字皆入月部。

【注释】

① 其政闷闷："闷闷"，河上公本、王弼本作"闷闷"，傅奕本、范应元本作"闵闵"，严遵《道德指归论·方而不割篇》云："不施不予，闵闵缦缦"，是严遵所据本亦为"闵闵"。按：应作"闵闵"，"闷"为假借字。高亨说："闷、闵皆借为涽，涽涽，浊也，与下文'其政察察'，相对为文，'察察'，清也。"其，代指国家。闵闵，这里是指国家政治宽厚、广大。

② 淳淳：质朴、敦厚。

③ 察察：苛细的样子。

④ 缺缺：狡诈、使小聪明。

⑤ 孰知其极：谁知它的极点呢？即祸、福转化的极点。其，代指祸福。极，极点、尽头。

⑥ 其无正也：难道就没有正好吗？其，副词，表示反问，同"岂"，

难道。正，不偏、不斜。

⑦奇：斜、不正。

⑧善复为祅："祅"，傅奕本、范应元本同，河上公本、王弼本及其他通行本作"妖"。罗振玉说："'妖'，御注本作'祅'，敦煌、景福二本作'訞'。"祅、訞、妖三字通用，但《老子》当作"祅"。"妖"为后起字，《说文》未收"妖"字。祅，灾祸。

⑨固：本来。

⑩方：正直，方正。割：分割。而：转折连词，却，但。廉：锋利、有棱角。刿：刺伤。

⑪直而不泄：传世各本作"直而不肆"，帛书乙本作"直而不绁"，帛书整理小组注释说："'绁''肆'音近通假。""绁"应是"泄"字之误。其上两句"方而不割，廉而不刿"皆以物为喻，其下句"光而不耀"也是以物为喻，夹在两者之间的一句也应是以物为喻，此句当作"直而不泄"，以水为喻。泄，同"泻"，倾泻、倾注。"直而不泄"，用俗语比之就是"心直而不口快"，"直率而不放肆"。

⑫光：明亮。耀：照耀。

【译文】

国家政治宽厚，民众就淳朴；政治严苛，民众就狡诈。

祸啊，在福中潜伏着；福啊，在祸中潜伏着；祸福互相转化，谁又知它转化的终极呢？难道就没有正好吗？正又变成歪，好又变成坏。人们的迷惑，时日已经很久了。

因此，圣人方正而不分割，锋利而不割伤，心直而不口快，明亮而不耀眼。

第五十九章　治人事天

【章旨】

本章续上章讲"无为"方针在治国、治身（养生）上的应用。重点是一个"啬"字。能按照"啬"的原则处事，收敛自己的行为和精神，就是及早服从于道、习于道。

【原文】

治人事天①，莫若啬②。夫唯啬③，是以蚤服道④。蚤服道，是谓重积德。重积德，则无不克⑤。无不克，则莫知其极⑥。莫知其极，则可以有国之母⑦。有国之母，则可以长久。是谓深根固柢⑧，长生久视之道⑨。

【音韵】

本章句句为韵，一韵到底。"啬""啬""道""道""德""德""克""克""极""极""母""母""久""柢""道"为韵，按照王力的说法这叫作"密韵"。"啬""德""克""极""柢"入职部，"母""久"入之部，"道"入幽部，此为之幽通韵。

【注释】

① 治人：即治国。事天：即修身养性。《孟子·尽心章》说："存其心，养其性，所谓事天也。"

② 莫若：即"莫过"的意思。《道德真经集注》引王弼注："'莫若'，犹莫过也。"啬：收敛、爱惜。

③ 夫唯：只有。夫，发语词。

④ "是以蚤服道"，"以"，河上公本、王弼本作"谓"，傅奕本、范应元本、严遵本、帛书甲本和乙本皆作"以"。按：作"以"为是，其意是：按着"啬"的原则可以早服道，不是叫作"早服道"；作"谓"者盖因下句"谓"字而误。"蚤"，帛书甲本、乙本和严遵本作"蚤"，即"早"的假借字。先秦古书多假"蚤"为"早"。《老子》故书当是"蚤"字。"道"字原无。高亨说："'早服'下无宾语，意不完足，《韩非子·解老篇》：'夫能啬也，是从于道而服于理也。'增道理二字以释之。河上公注：'早，先也，服，得也，夫独爱民财，爱精神，则能先得天道也。'增天道二字以释之。窃疑'服'下当有'道'字。'早服道'与'重积德'句法相同，辞意相同。"是以：表示结果，即按照"啬"的原则处事。蚤服道：早得道。服，得。

⑤ 重：厚，含有不断增加的意思。克：胜。

⑥ 无不克，则莫知其极：无所不胜的力量是无法估计的，是无限的。莫知：不知，无法估计。

⑦ 有国之母：有：保存，保住。母：根源，根基。亦即道。高亨说："'国之母'者道也，第五十二章曰'天下有始，以为天下母'，天下母即道也，'有国之母'谓有道也。"

⑧根：树木的主根。柢：树木的蔓根。
⑨视：高亨注说："视读为寘，寘，置也。《广雅·释诂》：'置，立也'。"

【译文】
　　治理国家，修身养性，没有胜过收敛、爱惜的。正因为收敛、爱惜，所以能早得道。早得道，就是厚积德。厚积德，就能无所不胜。无所不胜，就是它的力量是无法估计的。有了这无法估计的力量，就能保住治国之道。保住治国之道，就能长久。这就是根深柢固，长生久立的道理。

第六十章　治大国若烹小鲜

【章旨】

本章继续讲"无为"的益处，即只有以德治国才能为天下造福。

【原文】

治大国若烹小鲜①；以道莅天下②，其鬼不神③。非其鬼不神，其神不伤人。非其神不伤人，圣人亦不伤人。夫两不相伤④，故德交归焉⑤。

【音韵】

本章一韵到底。"鲜""神""神""人""人""焉"为韵。"神""人"入真部；"鲜""焉"入元部，此为真元合韵。真元合韵也是《诗经》的通例。

【注释】

①烹：泛指烹饪方法。小鲜：小鱼。鲜，鲜鱼、活鱼。

②"以道莅天下"之"莅"字,各本皆作"蒞"或作"涖"。"蒞""涖""莅"通,俱训临,但《老子》故书应作"莅"。《释文》卷二十五《老子音义》:"蒞,古无此字,《说文》作莅。"毕沅《老子考异》:"古'蒞'字作'莅'。"易顺鼎说:"按《淮南子·俶真训》注云:'以道莅天下,其鬼不神','莅'乃'蒞'之正字,知高诱所见《老子》本作'莅',作'涖'与'蒞'者非也。"以:介词,用。道:同"德",即以道所修的德。莅:治理的意思。

③其:副词,是。鬼:人死灵魂为鬼,鬼能害人,这是一种古老的迷信。鬼害人,亦即鬼祟、鬼厉,所谓"匹夫匹妇强死,其魂魄犹能凭依于人,以为淫厉"(《左传》昭公七年),意思是不得善终的人死了,他的鬼魂还能附于人体来害人。神:在这里用作动词,"灵"或"作用"的意思。

④夫:指示代词,这。两不相伤:指鬼不伤人,人不伤鬼;圣人不伤人,人不伤圣人。

⑤故:副词,就。交:皆、都。德:这里是借"德"为得。焉:语气词,了。

【译文】

治理大国如同烹小鱼(不要乱翻腾)。用道来治理天下,就是鬼也不灵了。不是鬼不灵,是它灵而不伤人。不但鬼灵不伤人,圣人也不伤人。这两不相伤,就各得其归宿,天下太平了。

第六十一章　治大国若居下流

【章旨】

本章是讲"无为"原则在外交上的应用。

【原文】

治大国若居下流①，譬之在天下，犹川谷之与江海也②。大国者，天下之所流，天下之所交也③。天下之牝，牝常以静胜牡④，以其静⑤，故为下也。

故大国以下小国，则取小国⑥；小

国以下大国，则取大国。故或下以取，或下而取。大国不过欲兼畜人⑦，小国不过欲入事人⑧。夫两者各得其所欲⑨，大者宜为下⑩。

【音韵】

"治大国若居下流，譬之在天下，犹川谷之于江海也。大国者，天下之所流，天下之所交也"，"流""海""流""交"为韵，"流"入幽部，"海"入之部，"交"入宵部，之幽合韵、幽宵合韵也是《诗经》的通例。"天下之牝，常以静胜牡，以其静，故为下也"，"牡""下"为韵，二字皆入鱼部。"故大国以下小国，则取小国；小国以下大国，则取大国"，四"国"字为韵，"国"入职部。"故或下以取，或下而取"，二"取"字为韵，"取"字入缉部。"大国不过欲兼畜人，小国不过欲入事人"，二"人"字为韵，"人"字入真部。"夫两者各得其所欲，大者宜为下"，"下"入鱼部，"欲"入屋部，鱼屋谐韵。

【注释】

① "治大国若居下流"，各本皆作"大国者下流"。高亨说："此句当作'治大国若居下流'，转写误脱'治'字'若'字，而'居'字又讹误'者'字也。河上公注：'治大国当若居下流'。是河上公本原作'治大国若居下流'，此其证也。"下流：即下位，代表谦虚之德。

② "譬之在天下，犹川谷之与江海也"，各本皆无此句，据王弼注校补。

王弼注曰:"江海居大而处下,则百川流之。大国居大而处下,则天下流之,故曰大国下流也。"这显然是释"治大国若居下流,犹川谷之于江海也"两句的。若无"譬之在天下,犹川谷之于江海也"一句,则意义不完整。而且无此一句,"治大国若居下流"就与全章无法联属。譬之在天下:即譬如大国在天下。"之"字代指大国。犹:如同、好像。

③"大国者,天下之所流,天下之所交也",河上公本、王弼本无"天下之所流"一句。严遵本如上文,傅奕本、范应元本大致亦如上,惟"所流"作"下流"。帛书无两"所"字,"天下之所交"错在"天下之牝"之下,甲本"交"误为"郊"。按:应为"天下之所交",王弼注"天下之所归会也",是王弼本有"所"字,按义也应有"所"字。流:流入、流归。交:交会、会集。

比观各本,其错乱痕迹,犹可概见。一种传本误脱"治大国若居下流,譬之在天下,犹川谷之于江海也",剩下"大国者,天下之所流,天下之所交也",傅奕本、范应元本、严遵本虽有小异,其祖本盖如此;另一种传本即河上公本、王弼本之祖本,保存了"治大国若居下流,譬之在天下,犹川谷之于江海也",后来在传抄中,后二句错入三十二章,剩下"治大国若居下流"无所归属,后人又将其与下句合并,改成"大国者下流"删"天下之所流"一句(无"川谷""江海"句,与上句无法联结,非删不可),紧接"天下之交",这便是今存河上公本和今存王弼本。

④ 牝:泛指雌性动物。牡:泛指雄性动物。

⑤ 以其:因为它。其,代指"牝"。

⑥ 以下:即用谦下的态度。取:通"聚",聚合、团聚的意思。

⑦ 不过:副词,表示限于某个范围,现代汉语仍然这样用。欲:助动词,要,想要。兼畜人:兼容、畜养人。畜,引申有保护义。

⑧ 入事人:融入其中,使自己受到帮助。

⑨ 两者:指大国和小国。

⑩ 大者宜为下:吴澄解释说:"两者皆能下,则大小各得其所欲。然小者素在人下,不患乎不能下;大国非在人下,或恐其不能下,故曰大者宜为下。"宜,应当、应该。

【译文】

　　治理大国要像处于江河的下流,大国在天下,如同川谷汇流于江海。大国是天下之人所汇集的地方,是天下之人所交会的中心。(大国又好比雌性动物),天下的雌性动物,常以静胜过雄性,正因为它静,所以常处于下位。

　　所以大国以谦下的态度对待小国,就可聚合小国;小国以谦下的态度对待大国,就可被大国聚合。所以,或者以谦下的态度聚合人,或者以谦下的态度被人聚合。大国不过是要对小国进行保护和支持,小国不过是要得到大国的帮助。大国和小国各自实现了自己的愿望,但大国更应当谦下。

第六十二章　道者万物之奥

【章旨】

本章是讲"无为"原则在待人、待物上的应用。

【原文】

道者万物之奥①，善人之宝②，不善人之所保③。

美言可以市尊，美行可以化人④。

人之不善，何弃之有⑤？是以圣人常善救人⑥，故人无弃人；常善救物，故物无弃物，是为袭明⑦。故善人，不善人之师；不善人，善人之资⑧。不贵其师，不爱其资，虽智大迷。是谓要妙⑨。

故立天子、置三公⑩，虽有驷马以先拱璧⑪，不如坐进此道⑫。古之所以贵此道者，何也？不曰求以得之、有罪以免邪⑬！故为天下贵⑭。

【音韵】

　　"道者万物之奥，善人之宝，不善人之所保"，句句为韵，"奥""宝""保"相谐，三字皆入幽部。"道者万物之奥"又句中自为韵，"道""奥"为韵，"道"字也入幽部。"美言可以市尊，美行可以化人"，"人""尊"为韵，"人"入真部，"尊"入文部，真文合韵，也是《诗经》的通例。"人之不善，何弃之有"不入韵。"是以圣人常善救人，故人无弃人"两句押"人"字韵；"常善救物，故物无弃物"两句押"物"字韵，"物"字入物部，第一句、第二句和第四句又都是句中自为韵。"是谓袭明"一句无韵。"故善人，不善人之师；不善人，善人之资。不贵其师，不爱其资，虽智大迷"，

"师""资""师""资""迷"为韵,这几个字皆入脂部。"是谓要妙"与"故立天子、置三公,虽有驷马以先拱璧,不如坐进此道"句谐韵,"道"入幽部,"妙"入宵部,幽宵合韵,这也是《诗经》的通例。"是谓要妙"义属上文而与下文谐韵,这即是所谓"续韵"。又"璧"入之部,亦与"道"谐韵,此谓之幽合韵。"古之所以贵此道者,何也?不曰求以得之、有罪以免邪!故为天下贵","也""贵"谐韵,又"得""邪"为韵,"得"入职部,"邪"入鱼部,职鱼为邻近韵,可以合韵。第一句与第四句押韵,第二句和第三句押韵,这是抱韵,《诗经》有不少这种韵例。

【注释】

① 者:语气词,表示提示与停顿。之:助词,的。奥:《广雅·释诂》四:"奥,藏也。"奥有藏义,故含有覆盖庇荫等义。

② 宝:法宝。

③ 之:代指道。保:保护、养育。

④ "美言可以市尊,美行可以化人",河上公本、王弼本"行"上无"美"字,"化"字作"加";王断句为"美言可以市,尊行可以加人",俞樾说:"谨按《淮南子·道应篇》《人间篇》引此文,并作'美言可以市尊,美行可以加人',是今本脱下'美'字。"奚侗说:"各本脱下'美'字,而断'美言可以市'为句,'尊行可以加人'为句,大谬。兹从《淮南·道应训》《人间训》引订正。此二句盖偶语,亦韵语也。"俞樾、奚侗说甚是。而且,此二句"尊""人"为韵,脱下"美"字,王弼断句失韵。"加"字为"化"字之讹。市:换取,亦可释为"说服"。尊:对人的敬称。化:《说文》云"化,教行也",即以行为教育感化人的意思。

⑤ "人之不善,何弃之有"之后,从"是以圣人"至"是谓要妙"五十七字,皆从二十七章移来。何:代词,表示反问,为什么?之有:之,第三人称代词,他,他们;有,语助词。

⑥ 救:医治、救治,亦有"改造"之意。

⑦ 袭明:承袭光明。袭,承袭。明,光明。

⑧ 资:凭借的本钱,依托。这里引申为资料、教材。

⑨ 要妙：精要的妙道。

⑩ 三公：指古代的太师、太傅、太保，是辅佐天子掌握军政大权的最高官员。

⑪ "虽有驷马以先拱璧"，各本作"虽有拱璧以先驷马"。古人送礼物，把轻的东西送在重的东西前头，所以叫以某先某。拱璧，合抱之璧，属国宝，比驷马贵重，所以《老子》此文不应是"虽有拱璧以先驷马"，揆情度理，应是"虽有驷马以先拱璧"。如此乙正，"璧"字正好与"不如坐进此道"的"道"字谐韵。驷马：四匹马驾的车，古代只有天子、大臣才能乘坐。拱璧：一种圆镜形状中间有孔的大型玉璧，用于祭祀，因其需用双手拱执，故名。这里是比喻财富。

⑫ 坐：坚守、守定。进：进用。此道：即上文所说的"要妙"。

⑬ 求以得之：有求即能得到它。以，能够。之：代指道。罪：过错。邪：语气词，表示疑问，相当于"吗""呢"。

⑭ 贵：尊重。

【译文】

道是庇荫万物的，它是善良之人的法宝，不善良之人也要靠它保护。

美好的言辞可以说服人，美好的行为可以感化人。对于不善良之人，为什么要抛弃他们呢？因此圣人经常善于救治人，所以人没有可弃之人；经常善于改造物，所以物没有可弃之物。这就叫承袭道的光明。所以善良之人，是不善良之人的老师；不善良之人，是善良之人的教材。不尊重自己的老师，不爱惜自己的教材，虽然聪明也会糊涂。这就是道的妙用。

所以立天子、设三公，虽有驷马、拱璧前来朝贺，不如守用此道。古代人们所以尊重这个道，是为什么呢？不就是乞求能够得到它，有过错能够免除吗？所以被天下人所尊重。

第六十三章　天下之难事①

【章旨】

本章是讲认识论的。老子"图难于其易，为大于其细"的论断，对于人们从事生产和社会活动具有重大的指导意义。

【原文】

天下之难事，必作于易①；天下之大事，必作于细；图难于其易也，为大于其细也。是以圣人蚤从事焉②。夫多易者必多难，是以圣人犹难之，故冬无难矣③。

【音韵】

"天下之难事，必作于易；天下之大事，必作于细；图难于其易也，为大于其细也。是以圣人蚤从事焉"，句句为韵。

"事""易""事""细""易""细""事"为韵，三字皆入之部。又第五句、第六句两"也"字亦入韵，二字入之部，构成富韵。"夫多易者必多难，是以圣人犹难之，故冬无难矣"，押难字韵，"难"字入元部；又第二句句尾虚词"之"字与第三句句尾词"矣"字，亦入韵，二字皆入之部，构成富韵。

【注释】

① 本章原文错乱较多。章首原有"为无为，事无事，味无味。大小多少，报怨以德"十七字；在"多易者必多难"之前，原有"是以圣人终不为大，故能成其大。夫轻诺必寡信"十九字。经过分析，断定其为他章之错简或衍文。删除之后，整理如上，则文从字顺，章意完整。

② "天下之难事……圣人早从事焉"，各本"图难于其易也，为大于其细也"皆在"天下之难事，必作于易"之前，据《韩非子·喻老》引《老子》之文乙正。《喻老篇》曰："有形之类，大必起于小；行久之物，族必起于少。故曰：'天下之难事，必作于易；天下之大事，必作于细。'是以欲制物者，于其细也。故曰：'图难于其易也，为大于其细也。'"韩非引《老子》此文的次序是可信的，按这种次序，先讲客观，后讲主观，是合乎思维逻辑的。"是以圣人蚤从事焉"，各本皆无，据《韩非子·喻老》引《老子》文补正。必：必定、一定。作：开始。于：介词，从。图：考虑、处理。其：代指这件事。为：动词，做。

③ "夫多易者必多难，是以圣人犹难之，故冬无难矣"，傅奕本、范应元本、严遵本"必"字上皆有"者"字，河上公本、王弼本皆无。此处指人，与下文"圣人"相应，所以应有"者"字。"故冬无难矣"，傅奕本、王弼本皆有"矣"字，其他各本皆无。以语气和诗韵求之，当有"矣"字。夫多易者：指把事情看得容易的人。犹：估计、谋划。冬：同"终"。

【译文】

天下的难事必开始于易，天下的大事必开始于细。所以处理困难的事情要从容易处入手，做大的事情要从细小处抓起。因此，圣人总是及早从事，把事情看得太容易，必定会遇到更多的困难，因此圣人充分估计困难，所以最终就没有困难了。

第六十四章　其安易持

【章旨】

本章承上章讲事物量变的法则，同时也是讲政治哲学。

【原文】

其安易持①，其未兆易谋②，其脆易判③，其微易散。为之于未有，治之于未乱。合抱之木，生于毫末④；九成之台⑤，起于累土⑥；千里之行，始于足下。

【音韵】

"其安易持，其未兆易谋"，"持""谋"为韵，二字皆入之部。"其脆易判，其微易散。为之于未有，治之于未乱"，"判""散""乱"为韵，三字皆入元部。"合抱之木，生于毫末"，"木""末"为韵。"九成之台，起于累土；千里之行，始于足下"，"土""下"为韵，二字皆入鱼部。自"其安易持"至"治之于未乱"，自"合抱之木"至"始于足下"，皆第一句入韵，从第三个语法句起隔句为韵。这种韵例，也是《诗经》的常例。

【注释】

①其：此句的"其"字及下面三句的"其"字，为代词，其用法即马建忠《马氏文通》卷二所说："有代字而无前词者，则以所指者为共知之事理，读者可默会耳。"这里所指代的不是物而是人事，即国家安危治乱之事。安：安稳、稳定。持：持守、保持。

②兆：征兆或苗头显露出来。谋：谋划、消除。

③脆：易断、易碎。判：分、分开。

④毫末：毫毛的梢儿，比喻极其细微。

⑤九成之台：九成台，又名闻韶台，在今广东省韶关市曲江区北城上，相传舜南巡时奏乐于此。九，代表最高数。

⑥累：堆积、积聚。

本章从"其安易持"到"始于足下"是一个逻辑严密的、完整的思想，自应成为独立的一章。原文此下还有"为者败之，执者失之。是以圣人无为，故无败；无执，故无失。民之从事，常于几成而败之。慎终如始，则无败事"一段文字，显然与上文不相联属，为二十九章的错简，移于二十九章"为者败之，执者失之"之后。再下还有"是以圣人欲不欲，不贵难得之货；学不学，复众人之所过；以辅万物之自然而不敢为"一段文字，与"为者败之"段无法联属，与"其安易持"段也无法联属。它也是错简，移于二十九章"是以圣人去甚、去太、去奢"之后，则若合符节。

【译文】

局面安定时容易保持，祸乱没有显露迹象时容易消除，脆的物体容易分开，小的事物容易分散。要在事情尚未发生之前就早作准备，要在祸乱未发生之前就进行治理。合抱的大树，是从微小的萌芽生长起来的；九层的高台，是从一筐筐土建筑起来的；千里的远行，是从脚下第一步开始的。

第六十五章　古之善为道者

【章旨】

　　本章讲"无为"原则在治政上的应用。老子认为统治者治政诚朴，讲信用无机巧，民风也就随之诚朴，社会也就安定。

【原文】

　　古之善为道者①，非以明民②，将以愚之③。民之难治，以其知之④。故以知治国，国之贼；不以知治国，国之福⑤。此两者，亦楷式也⑥。常知楷式⑦，是谓玄德⑧。玄德深矣，远矣⑨，与物反矣，乃至大顺⑩。

【音韵】

"古之善为道者，非以明民，将以愚之。民之难治，以其知之"，"者""之""治""之"为韵，"者"入鱼部，"之""治"入之部，这是之鱼合韵。"故以知治国，国之贼；不以知治国，国之福。此两者，亦楷式也。常知楷式，是谓玄德"，"国""贼""国""福""式""德"为韵，这几个字皆入职部。"玄德深矣，远矣，与物反矣，乃至大顺"，"远""反""顺"为韵，"远""反"入元部，"顺"入真部，此为真元合韵。

【注释】

① 善为道者：善于以道治国的人。

② 非：副词，表示否定，不是。以：动词，使。明：王弼注："明，谓多见巧诈，蔽其朴也。"

③ 将：助动词，要。愚：诚实、朴实。之：代指民。

④ 民之难治，以其知之："知之"，河上公本、王弼本作"智多"，傅奕本作"多知"，范应元本作"知多"，帛书甲本乙本皆作"知之也"。劳健说："道藏严遵本作'以其知之'，并谓此与上文'将以愚之'句两'之'字为韵，当如严本。"按：劳健说是。"知之"与"愚之"正相对为文，老子文章很注意整齐美、对称美，不会以"知之也"与"愚之"相对应。帛书"也"为衍文。以其，因为他们。知，同"智"，智巧。王弼注："民多智则巧伪生。"

⑤ "故以知治国，国之贼；不以知治国，国之福"，傅奕本、范应元本如此，河上公本、王弼本两"知"字皆作"智"，帛书甲本、乙本作"知"。古时知、智通用，智为后起字，《老子》故书当作"知"。以：介词，用。贼：贼害、祸害。

⑥ 楷式：法式、法则。

⑦ 常：常常、经常。知：记住。

⑧ 玄德：道的品德，亦即根本的品德。

⑨ 深：程度深，重大。远：远大。

⑩ "乃至大顺"，帛书乙本如此（甲本有缺文），从乙本。河上公古本作"乃至于大顺"，多一"于"字，并不增加内容，且与节奏不协调，当是衍文。王弼本作"然后乃至大顺"，傅奕本、范应元本作"乃复之于大顺"。按：详上下文义，"然后"和"复"皆不当有。乃：指示代词，这样，如此。至：介词，到，达到。

【译文】

古代善于以道治国的人，不是使民巧诈，而要使他们淳朴。民众所以难治，是因为他们有了巧诈的心智。所以用智巧治国就是贼害国家；不用智巧治国是国家的福祉。这两者也是法则。经常记住这个法则，这是道的品德。道的品德深沉啊，远大啊，与常见的事物相反，可是能达到大顺。

第六十六章　江海所以能为百谷王者

【章旨】

本章是对上章"以知治国，国之贼；不以知治国，国之福"这一"无为"原则的进一步说明。

【原文】

江海所以能为百谷王者①，以其善下之②，故能为百谷王。是以圣人欲上民，必以言下之；欲先民，必以身后之③。故圣人处上而民不重也，处前而民不害也，天下皆乐推而不厌也④。非以其不争与？以其不争，

gù tiān xià mò néng yǔ zhī zhēng
故天下莫能与之争⑤。

【音韵】

"江海所以能为百谷王者,以其善下之,故能为百谷王","王""王"为韵,"王"字入阳部。"是以圣人欲上民,必以言下之;欲先民,必以身后之",此乃所谓"交韵":奇句与奇句为韵,押"民"字韵,"民"入文部;偶句与偶句为韵,押"之"字韵,"之"入之部。"故圣人处上而民不为重也,处前而民不害也,天下皆乐推而不厌也","害""厌"为韵,"害"入月部,"厌"入谈部,此为月谈合韵。此三句又押"也"字韵,即所谓"富韵"。"非以其不争与?以其不争,故天下莫能与之争",三"争"字为韵,"争"字入耕部。

【注释】

①所以:连词,表示结果或结论。王:通"往",归往。《说文》:"王,天下归往也"。

②以其:因为它。以,因为。其,代指江海。

③欲:助动词,要、想要。以:介词,把。身:代词,自己。

④"故圣人处上而民不重也,处前而民不害也,天下皆乐推而不厌也","故"字,传世各本皆作"是以",帛书甲本和乙本作"故",从文理上看,此句与上句是因果关系,且为避免与上句"是以"重复,似以作"故"为妥。三"也"字,传世各本皆无,惟傅奕本在"民不害"之下有"也"字,帛书甲本有三"也"字,乙本有两"也"字,缺"民不害"后之"也"字。乙本和甲本所据为同一传本,乙本少一"也"字,当是误脱。傅奕本一个"也"字,盖亦来源于有三"也"字的传本,另两"也"字在传抄中脱去。此三小句押"也"字韵,以有"也"为是。处:位置在(某处)。重:高亨说:"民戴其君,若有重负,以为大累,即此文所谓重。故重犹累也。"害:妨害、妨碍。推:拥戴之意。

⑤ "非以其不争与？以其不争，故天下莫能与之争"，河上公本、王弼本及其他通行本皆作"以其不争，故天下莫能与之争"，无第一句。帛书乙本有第一句。从文理和文气上看，应有"非以其不争与"一句，这与此章开头"江海所以能为百谷王者，以其善下之"之后跟一句"故能为百谷王"，是同一句例。非：副词，表示否定，不是。与：用在句末，表示推测，相当于"吗"。

【译文】

江海之所以能够成为众多河流归往的地方，是因为它善于处在低下的位置，所以能够成为众多河流的汇集地。因此圣人要居于民众之上，就必须以谦下的言辞对待民众；要居于民众之前，就必须把自己的利益摆在民众之后。所以圣人居于民众之上而民众不以为是负担，居于民众之前而民众不以为有妨害，因此天下之人都乐意拥戴他而不厌弃他。这不就是因为他不争吗？正因为他不与人争，所以天下没有人能够与他争。

第六十七章　吾有三宝

【章旨】

　　本章是讲"无为"原则在政治、军事方面的应用，其中心是慈，从而表明了老子反对侵略战争的思想。

【原文】

　　吾有三宝①，持而宝之②：一曰慈，二曰俭，三曰不敢为天下先③。夫慈故能勇，俭故能广，不敢为天下先，故能为成器长④。今舍慈且勇，舍俭且广，舍后且先，是谓入死门⑤。

夫慈以战则胜⑥，以守则固。天将以慈救之，以慈卫之⑦。

【音韵】

"吾有三宝，持而宝之"，押"宝"字韵，"宝"入幽部。"一曰慈，二曰俭，三曰不敢为天下先"，"俭""先"为韵，二字入文部。"夫慈故能勇，俭故能广，不敢为天下先，故能为成器长。今舍慈且勇，舍俭且广"，"勇""广""长""勇""广"为韵，"广""长"入阳部，"勇"通常入东部，在楚音中入阳部。"舍后且先，是谓入死门"，"先""门"为韵，二字入文部。"夫慈以战则胜，以守则固。天将以慈救之，以慈卫之"，"固""之""之"为韵，"固"入鱼部，此为之鱼合韵。

【注释】

①各本在"吾有三宝"之前，尚有一段文字："天下皆谓吾道大不肖，夫唯大故不肖；若肖，久矣其细也夫"。此段与下文毫无联系，本章自"吾有三宝"至"以慈卫之"，思想内容和文字形式皆完整统一，自成条贯，故知此段非本章之文。此段乃七十章的错简。移至七十章的开头，则若合符节。"吾有三宝，持而宝之"，"吾"字各本作"我"，惟傅奕本、范应元本作"吾"。按：应作"吾"。关于"吾""我"的用法，元赵德《四书笺义》曰："吾、我二字，学者多以为一义，殊不知就己而言则曰吾，因人而言则曰我。"这是说，上古的"吾"字多用于主位，"我"字多用于受位，即就己而言用"吾"，因人而言用"我"。三宝：三个法宝，即慈、俭、不敢为天下先。宝，蒋锡昌说："《广雅·释诂》：'宝，道也。'六十二章：'道者……善人之宝'，是老子以道为宝。"此"三宝"都属于政治之道。

②持而宝之：掌握并保持着它。宝，作动词用，保持、保全。

③曰：叫做。不敢为天下先：即不敢居于天下人利益的前面。

④"故能为成器长"，傅奕本、河上公本、王弼本无"为"字，韩非《解老》引有"为"字，作"故能为成事长"。帛书甲本、乙本皆有"为"字，甲本作"故能为事长"，乙本作"故能成为器长"。刘师培说："古本'成器长'上有'为'字，今本脱'为'字，义不可通。"能为成器长：能做天下的首领。成器，即大器，即二十九章所说的"神器"。长，首领。

⑤且：而且、连词。"是谓入死门"，傅奕本、范应元本如此，其他各本作"则死矣"。作"门"与"先"为韵，作"死矣"则失韵，故从傅奕本、范应元本。死门：极地。死，形容到了极点。

⑥夫：发语词。以：介词，凭、用。

⑦"天将以慈救之，以慈卫之"，各本作"天将救之，以慈卫之"，景福本、敦煌壬本，在"以慈"之上有"以善"二字，道藏河上本同。高亨说："此二句疑本作'天将以慈救之，以慈卫之'。盖王本脱'以慈'二字，道藏河上本等上'以慈'二字讹为'以善'，又误窜'救之'下也。《广雅·释诂》：'救，助也。''以慈救之'承上文'以战则胜'言，谓以慈战者，天将以慈救助也。'以慈卫之'承上文'以守则固'言，谓以慈守者，天将以慈卫之也。七十九章'天道无亲，常与善人'，是其旨矣。"高亨校释甚是。救：帮助。《广雅·释诂》："救，助也。"卫：保卫、卫护。之：第三人称代词，你。

【译文】

我有三宝，一直掌握并保持着它：一叫慈爱；二叫节俭；三叫不敢为天下先。

因为慈爱所以能够勇敢；因为节俭所以能够宽裕；不敢为天下先，所以能做天下的首领。现在是舍弃慈爱只取勇敢；舍弃节俭只取宽裕；舍弃退后只取占先，这就叫作入了死门。

慈爱，用来作战就能取胜，用来守卫就能坚固。这样，上天就会以慈爱帮助你，以慈爱卫护你。

第六十八章　古之善为士者不武

【章旨】

本章讲"无为"方针在战略战术上的应用。

【原文】

古之善为士者不武①，善战者不怒②，善胜者不与③，善用人者为之下④。是谓不争之德，是谓用人之力，是谓配天之极⑤。

【音韵】

全章两个语法句。第一个语法句，句句为韵，四句一韵："武""怒""与""下"为韵，四字皆入鱼部。第二个语法句也是句句为韵，三句一韵："德""力""极"为韵，三字皆入职部。

【注释】

① "古之善为士者不武"，傅奕本、范应元本同此，河上公本、王弼

本、帛书甲本无"古之"二字，帛书乙本作"故善为士者不武"。乙本"故"或是"古之"之误。按：《老子》故书应有"古之"二字，与十五章"古之善为上者"、六十五章"古之善为道者"句法一律。此乃老子托古而言，故"古之"二字不能少。"古之"二字贯于四句，到"善用人者为之下"才是一个完整的语法句。士：将帅。王弼注："士，卒之帅也。"不武：不以武力相尚、不轻易动武。

②不怒：不被激怒。

③与：对斗、相接。高亨说："与犹斗也。古谓对斗为与。"

④为之下：居人下。

⑤"是谓配天之极"，傅奕本、河上公本、王弼本作"是谓配天古之极"；有人以"是为配天，古之极"为句读。"古"字，据俞樾、奚侗说删。俞樾说："此章每句有韵。前四句'武''怒''与''下'为韵；后三句以'德''力''极'为韵。若以'是为配天'为句，则不韵矣。疑'古'字衍文也。"奚侗说："体道者与天合德，故曰'配'。'极'，至也。各本'天'下有'古'字，义不可通。殆下章'用兵有言'句上有'古之'二字，'古'字错入于此，而又脱一'之'字。"俞、奚之说甚是，近人马叙伦、高亨、蒋锡昌等从其说。配天：合于天道。配，匹配。极：准则、法则。

【译文】

古代善于做将帅的，不会轻易动武；善于打仗的，不会轻易被对方激怒；善于胜敌的，不会轻易与敌决斗；善于用人的，常对人谦下。这就叫作不争的品德，这就叫作巧用人力，这就叫作与天道的法则相合。

第六十九章　古之用兵者有言曰

【章旨】

本章老子以古代兵家的经验，说明"无为"之道的应用原理。

【原文】

古之用兵者有言曰："吾不敢为主而为客①，不敢进寸而退尺。"是谓执无兵，行无行，攘无臂，扔无敌②。祸莫大于轻敌，轻敌几亡吾宝③。故抗兵相若，襄者胜矣④。

【音韵】

第一句不入韵。"吾不敢为主而为客，不敢进寸而退尺"，"客""尺"为韵，二字皆入铎部。"执无兵，行无行"，"兵""行"为韵，二字皆入阳部。"攘无臂，扔无敌"，"臂""敌"为韵，二字皆入锡部。"祸莫大于轻敌，轻敌几亡吾宝。故抗兵相若，襄者胜矣，""宝""若""矣"为韵，"宝""若"入幽部，"矣"入之部，此乃之幽合韵。

【注释】

① "古之用兵者有言曰"，各本皆脱"古之"二字，据奚侗、高亨说增补。奚侗说："原'古之'二字误窜入上章。"高亨说："'古之善用兵者'与十五章'古之善为上者'、六十五章'古之善为道者'辞例相同。"按：亦与六十八章"古之善为士者"辞例相同。"者"字，范应元本有，各本皆无。无"者"字，作"用兵有言"，句子不完整，不合语法，"用兵"本身不能有言，故据范应元本增"者"字。通行各本无"曰"字，傅奕本、帛书甲本和乙本皆有。有"曰"字于文为长。"用兵者有言"之言，即"一言以蔽之"之言，不作解说，故宜有"曰"字。主：进攻、进犯。客：防守、防御。

② "是谓执无兵，行无行，攘无臂，扔无敌"，四句各本皆有窜乱，据高亨说乙正。高亨说："疑当作'是谓执无兵，行无行，攘无臂，扔无敌。'厥证有三：兵行为韵，臂敌为韵，其证一也。执兵而行路，其意相依，攘臂而扔敌，其意亦相依，其证二也。三十八章曰：'则攘臂而扔之。'此文亦必'攘无臂，扔无敌'二句相依，而'执无兵，行无行'二句，亦必相依，其证三也。"执无兵：无兵器可执。兵，兵器。行无行：即行无阵，言军队摆不成阵势。下"行"，同"阵"。攘：伸出、举起。扔：摧毁。

③ "轻敌几亡吾宝"，帛书甲本和乙本、傅奕本、范应元本皆同此，河上公本今传世王弼本"亡"皆作"丧"，但王注"故曰几亡吾宝"，是王弼本原作"亡"。几：副词，几乎、差不多。吾：指"轻敌"者自身。宝：河上公注："宝，身也。"

④ 故抗兵相若，襄者胜矣："相若"，河上公本、今王弼本作"相加"，傅奕本、帛书甲本和乙本皆作"相若"。"襄者"，各本皆作"哀者"，历来解者不是扞格不通，就是迂回曲折。俞樾说："按'哀'字无义，疑'襄'字误。《史记》：'梁惠卒，襄王立。襄王卒，哀王立。'据《竹书纪年》无哀王。顾氏《日知录》谓'哀''襄'字近，《史记》误分为二人。可

见二字相混久矣。襄者讓之假字。《周官·保守职》，郑注：'襄，尺'；《释文》曰：'襄音讓，本作讓'。是古襄讓通用。上文曰'吾不敢为主而为客，吾不敢进寸而退尺'，即所谓讓也。故曰'抗兵相加，讓者胜矣'。亦即七十三章'不争而善胜'之意。因假襄为讓，又误襄为哀，故学者失其解耳。"俞樾此说，解开了千古疑难，也证明了"抗兵相加"应作"抗兵相若。"作战双方力量相当，则先让一步者取胜。这种作战原则，也属于后发制人。作"讓者胜矣"，不但与全章精神符合，亦与老子整个哲学精神符合。

【译文】

　　古代兵家说过这样的话："我不敢进犯而宁愿防守，不敢盲目前进一寸而宁愿后退一尺。"这就叫作没有兵器可执，行进没有阵势可以摆，举臂没有臂膀可举，作战没有敌人可战。祸患没有比轻敌更大的了。轻敌几乎丧亡生命。所以敌对双方力量相当时，先让一步的获得胜利。

第七十章 天下皆谓吾道大不肖

【章旨】

本章反映了老子因其学说遭到冷遇而形成的既孤独、痛苦又自信（自信掌握着真理）的内心世界。其形象之逼真，跃然纸上，就连说话的神态，也可以令人想见。

【原文】

天下皆谓吾道大不肖，夫唯大，故不肖；若肖，久矣其小也夫①！吾言甚易知，甚易行；天下莫能知，莫能行。言有宗，事有君②。夫唯无知，是以不我知③。知我者希，则我贵矣④。是以圣人被褐而怀玉⑤。

【音韵】

"天下皆谓吾道大不肖,夫唯大,故不肖;若肖,久矣其小也夫",句句为韵。"肖""肖""肖""小"为韵,二字入宵部。"吾言甚易知,甚易行;天下莫能知,莫能行",奇句与奇句为韵,"知""知"为韵,"知"入支部;偶句与偶句为韵,"行""行"为韵,"行"入阳部。"言有宗,事有君","宗""君"为韵。按王力二十九韵部,"宗"入侵部,"君"入文部,两者为邻近韵部,可以谐韵。"夫唯无知,是以不我知。知我者希,则我贵矣。是以圣人被褐而怀玉",头两句"知""知"为韵,此下"矣""玉"为韵,"矣"入之部,"玉"入屋部,《诗经》无之屋合韵例,但二字的元音相近,可以谐韵。

【注释】

① "天下皆谓吾道大不肖,夫唯大,故不肖;若肖,久矣其小也夫!"这一段是从六十七章移来,但各本皆有错乱,采各本之长,校正如上。吾言:即指吾言说的道。肖:像、相似。夫唯:因为。其:代指道。

② 宗:本原、宗旨。君:主宰、主见。

③ 无知:不知。无,副词,不。不我知:即"不知我"的倒装句。

④ "则我贵矣",今王弼本作"则我者贵";河上公古本、傅奕本、帛书本皆无"者"字;《道德真经集注》引王弼注"故曰知我者希,则我贵也",是王弼本亦无"者"字。"者"字为古人误衍。"矣",劳健说"此'矣'字盖与下句'玉'字合韵",审其语气也应有"矣"字。希:少。贵:尊贵。

⑤ "是以被褐而怀玉",各本无"而"字。按:应有"而"字,有"而"字读起来琅琅上口。被褐:身上穿着粗布衣。怀玉:怀抱着玉。"玉"指的是《道德经》。

【译文】

天下之人都说我讲的道大得什么都不像。正因为大,所以什么都不像。如果像一个东西,那它早就渺小了。

我的言论很容易懂，很容易实行，天下没有人能够懂得，没有人能够实行。言论是有根据的，行事是有主见的。

　　正因为人们不了解这一点，所以也不了解我。了解我的人少，正表明我说的话重要。因此圣人穿着粗布衣而怀抱的却是玉啊！

第七十一章 知不知

【章旨】

本章承上章讲对事物的认识，强调对事物要全面了解，不能只固执于一面而忽视另一面。人们在认识的过程中，最容易犯不知而自以为知的毛病。因为对未知领域之广之深是无法知道、不可能知道的，所以也就往往弄不清自己的所知有限，从而把某些自己不知道的东西误以为知道。因此老子把"知不知"列为最上乘，但"不知而自以为知"就是病了，那怎么办呢？老子说："夫唯病病，是以不病"，认识、防止、克服这种病就"不病"了。

【原文】

知不知，上矣；不知知，病矣①。夫唯病病，是以不病②。圣人之不病也，以其不病，是以无病也③。

【音韵】

本章句句为韵，一韵到底。即"上""病"为韵，"上""病"皆入阳部。第一句和第二句句尾"矣"字亦入韵；倒数第三句和最末一句句尾"也"

字亦入韵，此所谓"富韵"。

【注释】

①"知不知，上矣；不知知，病矣"，傅奕本、帛书甲本和乙本皆如此，河上公本、王弼本作"知不知，上；不知知，病"，无二"矣"字，《吕氏春秋·别类篇》只引头一句"知不知，上矣"。有无"矣"字，于义无关。但从语气上考虑，以有"矣"为长。上：最高、最上乘。病：此"病"字，不是指生理上的疾病，而是指思想上的毛病。

②"夫唯病病，是以不病"，傅奕本、河上公本、王弼本皆如此，帛书甲本和乙本无此二句。此二句乃由上句"不知知，病矣"引申、推演而来，必不可少。无此二句，与下文在文气上也不衔接。病病：即克服毛病。第一个"病"用作动词"克服"，第二个"病"名词，指"思想毛病"。

③"圣人之不病也，以其不病，是以无病也"，《韩非子·喻老》所引如此，河上公本、王弼本作"圣人不病，以其病病，是以不病"，帛书乙本作"是以圣人之不病也，以其病病，是以不病"，傅奕本作"圣人之不病，以其病病，是以不吾病"（"吾"字显系衍文）。俞樾发现了这里的问题。他说："上文已言'夫唯病病，是以不病'；此又言'以其病病，是以不病'，则文复矣。《韩非子·喻老》作'圣人之不病也，以其不病，是以无病'，当从之。盖上言病病，故不病；此言不病，故无病，两意相承。不病者，不以为病也。韩非所谓越王之霸也不病宦，武王之王也不病胥，是也。无病则莫之能病矣，此越王所以霸，武王所以王也。"刘师培亦认为应以《韩非》引文校改，"否则，'是以不病'句与上复，必非《老子》古本之旧"。可知俞樾之说不误。

【译文】

知道自己所不知，是最好的；不知而自以为有知，这就是毛病了。克服这种毛病，所以就不病了。圣人的不病，是因为他没有这种毛病，所以就没有病了。

第七十二章　民不畏威

【章旨】

本章是讲"无为"方针在治政上的应用。老子认为，只有使民余裕所居，熙融所生，这个社会才能得以持续、得以发展，否则就会祸乱四起。

【原文】

民不畏威①，则大威至矣②。无狎其所居③，无厌其所生④。夫唯无厌，是以不厌⑤。

【音韵】

江晋三《老子韵读》认为此章无韵。高本汉认为第一、二句"威""至"为韵，其说从王念孙。王念孙《古韵普》："威"入脂部，"至"并入脂部、至部。第三、四句无韵。"夫唯无厌。是以不厌"，押"厌"字韵，"厌"字入谈部。

【注释】

①"民不畏威，则大威至矣"，傅奕本、河上公本如此，王弼本无"矣"

字。按诗的节奏求之，有"矣"字为长。畏：怕。威：威压，威慑。

②至：通"窒"，阻塞、不通。

③无：不，副词。狎：通"狭"，隘也，有逼迫、压迫之义。其：代指民众。居：安居。

④厌：同"压"，压迫、压榨。另有"堵塞"之义。

⑤"夫唯无厌，是以不厌"，傅奕本作"夫唯无厌，是以无厌"，河上公古本、王弼本两"无"字作"不"，帛书乙本作"夫惟弗厌，是以不厌"。"无""弗""不"三字通用，但"无""不"在行文上略有差别，第一个应作"无厌"，与上文"无厌"同义、同文，第二个"无"字应作"不"。夫唯：只有。夫，发语词。厌：厌恶、厌弃。

各本在"是以不厌"之后，还有以下几句："是以圣人自知，而不自见；自爱而不自贵。故去彼取此。"马叙伦说："此文与上文不相连贯，疑当自为一章。"按：这几句乃由第二十四章错简而来，把它放在二十四章则文从义顺。

【译文】

民众不怕统治者威慑的时候，威慑就行不通了。不要逼迫得民众不能安居，不要压迫得民众无法生活。只有不压迫民众，民众才会不厌恶（统治者）。

第七十三章　勇于敢则杀

【章旨】

本章是讲自然的因果律。老子认为，人们的行事同自然规律一样，你种下什么因，就会结什么果。

【原文】

勇于敢则杀①，勇于不敢则活。此两者，或利或害②，天之所恶，孰知其故③？天之道，不争而善胜，不言而善应，不召而自来，默然而善谋④。天网恢恢，疏而不失⑤。

【音韵】

"勇于敢则杀,勇于不敢则活。此两者或利或害","杀""或""害"为韵,三字皆入月部。第三句与上一个语法句押韵,而不与后一个语法句押韵,这即是所谓"续韵"。"天之道,不争而善胜,不言而善应,不召而自来,默然而善谋","胜""应"为韵,二字入耕部;"来""谋"为韵,二字入之部。"天网恢恢,疏而不失","恢""失"为韵,"恢"入微部,"失"入脂部,此为脂微合韵。

【注释】

① 杀:即死的意思,与下句"活"字相对应,为了押韵,所以用"杀"字,不用"死"字。

② 此两者或利或害:两者,指"勇于敢"和"勇于不敢"。或,代词,同"有"。老子虽云"有利有害",但意在使读者自悟其义,利指"勇于不敢",害指"勇于敢"。

③ 天之所恶,孰知其故:天之所恶指的是"勇于敢",天都讨厌那些只知拼命的人。孰知其故,谁知道究竟?故,代词,表示疑问,询问理由,可译为"究竟"。

在"孰知其故"之后,傅奕本、河上公、王弼本及其他通行本皆有"是以圣人犹难之"一句。奚侗说:"'是以'一句谊与上下文不相联属,盖六十三章文复出于此。"马叙伦亦同此说。罗振玉、蒋锡昌举出景龙碑、敦煌辛本、严遵本、李荣注本皆无此句。帛书甲本、乙本亦皆无此句。按:此句确不应有,是六十三章的错简复出,在六十三章与上下文契合无间。

④ 默然而善谋:"默然",王弼本作"繟然",河上公本作"坦然"。按:应作"默然"。作"默然"正与"不言"义近而相应,与前三句句法一律:普通"争而胜",老子说"不争而善胜";普通"言而应",老子说"不言而善应";普通"召而来",老子说"不召而自来";普通"明(表现出很聪明的样子)而善谋",老子说"默(即沉默之"默")然而善谋"。四句句法一律,但第四句作"默然"者,老子固讲究对仗,而又不因对仗

而伤义耳。四句又各自以似乎相反为文:"不争"与"善胜","不言"与"善应","不召"与"自来","沉默"与"善谋",皆似相反。作"坦然",平貌;作"繟然",舒缓貌;与"善谋"无似相反而相应之义。默然而善谋,意为沉默不语而善于谋划。

⑤恢恢:宽广宏大的样子。疏:空虚。失:漏失。

【译文】

勇于敢则死,勇于不敢则活。这两种勇,或者得利,或者遭害,天所厌恶的是哪个,谁知道究竟?

天之道,不争而善于取胜,不言而善于回应,不召而自动到来,沉默而善于谋划。天网宽广宏大,虽然空虚却不会有一点漏失。

第七十四章 民不畏死

【章旨】

本章是唯一一章论及法制的。老子虽主张以德治国，但也不否定法制的作用，只是反对法令烦苛。所以老子指出，一旦民不畏死，就像"民不畏威"一样，再拿"死"去威吓他们，既无效又无益。

【原文】

民不畏死①，奈何以死惧之②？若使民常畏死③，而为奇者④，吾得执而杀之，孰敢？若民常畏死，当有司杀者杀⑤。夫代司杀者杀，是代大匠斫⑥。夫代大匠斫者，希有不伤其手者矣⑦。

【音韵】

江晋三《老子韵读》认为此章无韵，其实有韵。"民不畏死，奈何以死惧之"，"死""之"为韵，"死"入脂部，之脂为邻近韵部，两者可以相谐。"若使民常畏死，而为奇者，吾得执而杀之，孰敢？若民常畏死，当有司杀者杀"，基本上是交韵，即奇句与奇句为韵，二"死"字为韵；偶句与偶句为韵，二"杀"字为韵，"杀"字入月部。"夫代司杀者杀，是代大匠斫。夫代大匠斫者，希有不伤其手者矣"，"斫""手"为韵，二字入幽部。

【注释】

① 畏：怕。

② 奈何：代词，表示反问，为什么。

③ 若：连词，假如、假使。

④ 奇者：胡作非为的人。

⑤ "若民常畏死，当有司杀者杀"，传世各本无"若民常畏死"一句，据帛书校补。在"当有司杀者杀"之前，帛书乙本有一句"若民恒且必畏死"，甲本缺文。无此句，下句"当有司杀者杀"无所承，语意不完整。无此句者当系脱漏，或因上句"若使民常畏死"疑复而误删。"当有司杀者杀"，"当"字传世各本皆作"常"。从下文"夫代司杀者杀……"看，亦应作"当"为是。"当有司杀者杀"，即应有主管刑杀的部门去杀，意思是不应由人君亲自判决，下命令去杀。司杀者，掌管刑法的部门。

⑥ 大匠：木匠。斫：砍削、砍凿。

⑦ 希：无、没有。

【译文】

民众不怕死，为什么还要用死恐吓他们呢？如果使民众常怕死，有胡作非为的，我们可以把他抓起来杀掉，谁还敢呢？如果使民众常怕死，应由专管刑法的部门去杀罚。代替专管刑法的部门去杀罚，是代替木匠去砍木头。代替木匠去砍木头的人，没有不砍伤自己的手的。

第七十五章 民之饥也

【章旨】

本章是承上章"民不畏死"说明其原因的。"民之轻死"即"民不畏死"就是因为统治者收税太重,挥霍无度,使民众无法生活所造成的。

【原文】

民之饥也,以其上食税之多也,是以饥①。民之难治也,以其上之有为也,是以难治。民之轻死也②,以其上求生生之厚也,是以轻死。

【音韵】

本章隔句为韵,一韵到底。"饥""饥""治""治""死""死"六字押韵,"饥""治"入之部,"死"入脂部,之部和脂部为邻近韵,两者可以相押。

【注释】

① "民之饥也,以其上食税之多也,是以饥",河上公本、王弼本及其他通行本无两"也"字,帛书甲本有两"也"字。从语气看,应有两"也"字。下两句亦应有。之:助词,的。饥:肚子饿,吃不饱。以:介词,由于,表示引进原因或理由。其上:指统治者。食税:收取粮食。

② 轻死:以死为轻,不怕死。

在"是以轻死"之后,各本皆有"夫唯无以生为贵生者,是贤于贵生也"。马叙伦说:"此二句乃五十章错简,《淮南·精神训》以此连'生生之厚'可证。"马说是。此二句与上文不相联属,移于五十章"以其生生之厚也"之下,却非常连贯。

【译文】

民众的饥饿,是由于统治者收税太重,所以饥饿。民众的难治,是由于统治者的妄为,所以难治。民众的不怕死,是由于统治者追求奢侈,所以不怕死。

第七十六章　人之生也柔弱

【章旨】

本章以物为喻，通过"草木之生也柔弱，其死也枯槁"的自然物理现象，进一步阐明"强大处下，柔弱处上"的道理，启发人们理解和掌握守柔用弱的智慧。

【原文】

人之生也柔弱，其死也刚强①；草木之生也柔弱，其死也枯槁②。故柔弱者生之徒，刚强者死之徒③。"强梁者不得其死"，吾将以为教父④。

【音韵】

"人之生也柔弱，其死也刚强；草木之生也柔弱，其死也枯槁"，

"弱""弱""槁"为韵,"弱"入药部,"槁"入宵部,此为宵药通韵。"故柔弱者生之徒,刚强者死之徒。'强梁者不得其死',吾将以为教父","徒""徒""父"为韵,"徒""父"皆入鱼部。

【注释】

① 人之生也柔弱,其死也刚强:"刚强",范应元本同,河上公本、王弼本作"坚强"。罗振玉说:"敦煌辛本'坚'作'刚'。"按:应作"刚强"。《老子》书中皆"刚强"与"柔弱"对举,如三十六章"柔弱胜刚强",七十八章"柔之胜刚,弱之胜强"。生,活着的意思。强,同"僵",僵硬。

② 枯槁:干枯。

③ "故柔弱者生之徒,刚强者死之徒",各本皆作"故刚强者死之徒,柔弱者生之徒"。蒋锡昌说:"疑《老子》古本必作'故柔弱者生之徒,刚强者死之徒'。盖上文先言'柔弱',后言'刚强',此文正承上文而言也。"徒:同类、类属。

④ "'强梁者不得其死',吾将以为教父",原在四十二章。四十二章于此句之上还有"人之所教,我亦教之"(范应元本作"人之所以教我,而亦我之所以教人"),此段与四十二章全文毫无联系,移于本章则若合符节。照《老子》的思想逻辑,本章到"刚强者死之徒"不应完结,而应引出他自己的结论,由五十二章"守柔曰强"可证。可是原文在"刚强者死之徒"之后,却是"是以兵强则灭,木强则折,强大处下,柔弱处上",乍看似乎衔接,细审之则不然。因为"兵强则灭"云云,与上文还隔着一层,不如紧接"'强梁者不得其死',吾将以为教父"联系紧密、逻辑明晰、思想一贯。细审三十六章,则知"是以兵强则灭,木强则折,强大处下,柔弱处上"为该章的错简,将此二十八字移于三十六章"柔之胜刚,弱之胜强"之下,亦若合符节。"人之所以教我,而亦我之所以教人",与三十六章不相属;从本章看,其言似读者看到老子引《金人铭》之语心有汇通而为"吾将以为教父"作的旁注,在传抄中混入正文,后又因简乱,一同错入四十二章。"强梁者不得其死"是引用《金人铭》中的话。"强梁"即"刚强"。"不得其死"即不得好死,亦即非正常死亡。教父,罗运贤

说"'教父'即'教巨'犹言'教条'"。但"教条"不是今日所谓"教条"之义,而是肯定之词,用现代语言,可名之为"反面教材"。

【译文】

人活着的时候身体是柔软的,死后就僵硬了;草木活着的时候枝叶是柔软的,死后就干枯了。

所以,柔软的东西属于生的一类,僵硬的东西属于死的一类。"强梁的人不得好死",我要用它作反面教材。

第七十七章　天之道

【章旨】

本章老子以拉弓射箭为喻，说明天之道损有余而补不足的自然规律。旨在要人效法"天道"，不自私、不占有，把有余奉献出来，可以说反映了老子均衡、共同富裕的社会理想。

【原文】

天之道①，其犹张弓与②！高者抑之③，下者举之；有余者损之，不足者补之。天之道，损有余而补不足；人之道则不然④，损不足以奉有余。孰能有余以奉天下？唯有道者⑤。是以圣人无积，既以为人，己俞有⑥，既以与人，己俞多。天之道，利而不害；圣人之道，为而不争。

【音韵】

第一段基本上是抱韵："与""举""余""下""者"为韵，五字皆入鱼部；中间两句"足""补"为韵，二字入屋部。其中"能有余以奉天下"还句中自为韵，即"余""下"为韵。"是以圣人无积，既以为人，己俞有，既以与人己俞多"，"积""有""多"为韵，"积""有"入之部，"多"入职部，两者为邻近韵，可以相谐。最后四句，奇句和奇句押"道"字韵，"道"入幽部；偶句和偶句押韵，"害"入月部，"争"入耕部。

【注释】

① 天之道：天道的运行规律，亦即自然规律。

② 犹：好像。

③ 抑：按压。

④ 人之道：社会的一般规律。

⑤ 唯有道者：只有得道的人。 在"唯有道者"之后，各本皆有"圣人为而不恃，功成而不居，其不欲见贤也"。马叙伦说："'为而不恃，功成而不居'二句，当在第二章。八十一章'圣人不积……为而不争'，当在此以下、'其不欲见贤也'以上。但因错简衍'圣人'二字。"按：马叙伦说是。"为而不恃，功成而不居"，与上文及本章主题毫无联系，文字又与第二章全同，当系错简。"其不欲见贤也"亦非本章之文，盖第二章之注文混入正文，一并错简于此。马叙伦所编《老子覈定文》，该章亦无此句。"圣人不积"以下几句，与八十一章主题亦不相联属，而移至此章，则文义十分连贯。

⑥ 为：施予、给予。俞：通"愈"，更加。

【译文】

　　天之道，它不就像拉弓一样吗！高了就把它压低一些，低了就把它升高一点，拉得太满就减些力，拉得不够就补些力。天之道是损有余用来补给不足的；人之道却不是这样，是减少不足的用来供给有余的。谁能够把有余拿来供给天下不足的？只有得道的人。

　　因此圣人不储藏财物，既用来帮助别人，自己反而越有；既给予别人，自己反而得到的更多。天之道是利于万物而不伤害万物，圣人之道是施恩于人而不与人争夺。

第七十八章　天下柔弱莫过于水

【章旨】

本章老子以"水"为喻，说明柔能胜刚，弱能胜强的道理，并以水性趋下、居低、处卑来阐明"不争"的观念。

【原文】

天下柔弱莫过于水①，而攻坚，莫之能先②。弱之胜强，柔之胜刚，天下莫能知，莫能行③。故圣人之言云④："受国之垢，是谓社稷主⑤；受国之不祥⑥，是谓天下王。"正言，若反⑦。

【音韵】

"天下柔弱莫过于水,而攻坚,莫之能先","先""坚"为韵,"先"入文部,"坚"入真部,此为真文合韵。"弱之胜强,柔之胜刚,天下莫能知,莫能行","强""刚""行"为韵,三字皆入阳部。"故圣人之言云:'受国之垢,是谓社稷主;受国之不祥,是谓天下王'","垢""主"为韵,二字入侯部;"祥""王"为韵,二字入阳部。"正言,若反","言""反"为韵,二字入元部。读此句,"正言"拉长声调,以与"反"字谐韵,和前述"而攻坚"与"莫之能先"一样,故应在"正言"下加逗号。

【注释】

①"天下柔弱莫过于水",傅奕本、王弼本,帛书甲本和乙本皆作"天下莫柔弱于水",《淮南子·道应训》引在"天下"之后有"之物"二字,作"天下之物莫柔弱于水";河上公古本、成玄英本、唐玄宗《御注》本、敦煌辛本、景福本皆作"天下柔弱莫过于水"。按:以语法常理言之,当作"天下柔弱莫过于水",作"天下莫柔弱于水"则有语病(缺主语),可能正是因此,《淮南子》引误本此句时加了"之物"二字。于:介词,比。

②"而攻坚,莫之能先",河上公古本、王弼本及唐以后数种本子作"而攻坚强者莫之能胜",傅奕本、严遵本、成玄英本等作"而攻坚强者莫之能先",范应元本"坚强"作"刚强"。作"刚强"显然是机械地为了与"柔弱"对文而误改;"强"字也不应有,此处说的是水之攻坚,如四十三章"天下之至柔,驰骋于天下之至坚",与"刚""强"无关,"强"字也是后人为了与上句"柔弱"配对而误增;以作"先"为是,不应作"胜",作"先"与"坚"谐韵。莫之能先:没有能超过它的。"莫之能先"是"莫能先之"的倒装句式。各本在此句后皆有"以其无以易之"一句,这是混入正文的注语。

③"天下莫能知,莫能行",河上公本、王弼本作"天下莫不知,莫能行"。罗振玉说:"敦煌辛本作'莫能知'。"按:作"天下莫不知"非是。老子说的这个道理,后日也不能说人人都懂,何况当时?七十章说"吾言甚

易知,甚易行;天下莫能知,莫能行",老子学说当时不为人赏识,不但"莫能行",而且"莫能知";大众中也没有老子的知音,所以全书充满着孤独感。故理应作"天下莫能知,莫能行"。七十章作"莫能知,莫能行",于义于文皆不应更改,此处亦应作"莫能知,莫能行"。知:了解。行:实行。

④故圣人之言云:傅奕本同,帛书乙本作"是故圣人之言云"(甲本缺文),河上公本作"故圣人云",王弼本作"是以圣人云"。凡此皆揭明与上句的因果关系,其差异于义于文皆无殊,故不作探究,而从傅奕本。

⑤受:承受、忍受。垢:耻辱。社稷:代指国家。

⑥不祥:即灾殃之意。

⑦正言,若反:正确的好像是错误的。"正""反",在这里不是指正面、反面,而是指正确、错误。

【译文】

天下没有比水更柔弱的东西了,但是攻坚却没有能超过它的。弱能胜强,柔能胜刚,天下没有人能够了解,没有人能够实行。

因此,圣人说:"能承受国家的屈辱,才配称国家的君主;能承担国家的灾难,才配做天下的君王。"正确的话,好像是错误的。

第七十九章　和大怨

【章旨】

　　本章老子提出了化解怨仇、化解矛盾的办法。老子认为人与人之间一旦结下怨仇，是不易化解的，即使化解了，心中还存有心理障碍，留有宿怨，所以最好的办法是不与人结怨。

【原文】

和大怨①，必有余怨；大小多少，抱怨以德②，安可以为善③？是以圣人执左契而不责于人④。故有德司契，无德司彻⑤。天道无亲，常与善人⑥。

【音韵】

　　"和大怨，必有余怨；大小多少，报怨以德，安可以为善？是以圣人执左契而不责于人","怨""怨""善""人"为韵,"怨""善"入元部,"人"入真部,此为真元合韵。"故有德司契,无德司彻","契""彻"为韵,二字入月部。"天道无亲,常与善人","亲""人"为韵,二字入真部。

【注释】

① 和:和解、消除。

② "大小多少,报怨以德"两句由六十三章移来。这两句在六十三章与上下文毫无联系,显系错简,移于此章则若合符节。

③ 安:代词,怎么,表示反问。可以:可能、能够。为:是。善:好。

④ 圣人执左契而不责于人:契,《说文》:"券,契也。"古代借贷财物均用契券,犹如今天的合同。契券用竹木制成,中间刻横画,两边刻相同的文字,记下财物、名称、数量以及偿还的时间等,然后劈成两半,左片称左契,由债权人保存;右片称右契,由负债人保存。索物还物时,以两契相合为凭。责,《说文》:"责,求也。"追索借出的财物称为"责"。老子这句话是个比喻,意思是说,处人处事能守住大原则,即不责备他人,就会不结怨或少结怨。

⑤ "故有德司契,无德司彻",河上公本、王弼本无句首"故"字,傅奕本、帛书甲本和乙本及唐宋以来的许多传本皆有"故"字。此处承上启下,以有"故"字为是。司:主管者,官吏。契:这个"契"是指契约关系。彻:周代的田锐制度。

⑥ 与:帮助。

【译文】

和解大的仇怨,必定还留有余怨;仇怨无论大小多少,都以德相报,怎么能算是好办法呢?因此,圣人虽持有借据,但不向人求取。

所以有德的君主着重调节契约关系,无德的君主,只知道收取赋税。"天道不分亲疏,永远帮助善良之人。

第八十章　小国寡民

【章旨】

本章是老子所描绘的理想的政治图景，体现了"无为而治"的政治观。冯友兰在《中国哲学史新编》中说："《老子》第八十章描绘了他的理想社会的情况。从表面上看起来，这好像是一个很原始的社会，其实不尽然。它说，在这种社会中，'虽有舟舆，无所乘之；虽有甲兵，无所陈之；使民复结绳而用之'。可见，这种社会中，并不是没有舟舆，不过是没有地方用它。并不是没有甲兵，不过是用不着把它摆在战场上去打仗。并不是没有文字，不过使用不着文字，所以又回复到结绳了。《老子》认为，这是'至治之极'。这并不是一个原始的社会，用《老子》的表达方式，应该说是知其文明，守其素朴。《老子》认为，对于一般所谓文明，理想社会不是能而为之，而是能之而不为。有人可以说，照这样理解，《老子》八十章所说的并不是一个社会，而是一种人的精神境界。是的，是一种人的精神境界，《老子》所要求的就是这种精神境界。"

【原文】

小国寡民①，使有什伯人之器而不用②；使民重死而不远徙③；虽有舟舆,无所乘之④;虽有甲兵,无所陈之⑤;使民复结绳而用之⑥。至治之极⑦,民各甘其食⑧,美其服,安其居,乐其业,邻国相望,鸡狗之声相闻,民至老死不相往来⑨。

【音韵】

  前六句交错为韵,又近似抱韵:第一句"小国寡民"和第六句"虽有甲兵,无所陈之"为韵,"民""陈"皆入真部;第二句"使有什伯人之器而不用"与第四句"虽有舟舆,无所乘之"及第六句"使民复结绳而用之"为韵,"用"入东部,"乘"入耕部,两者为邻近韵,可以相谐。又"使民重死而不远徙"句中自为韵,"死""徙"为韵,二字皆入脂部;"使民复结绳而用之"亦句中自为韵,"绳""用"为韵,"绳"入耕部,"用"入东部,两者可以相谐。"至治之极,民各甘其食,美其服,安其居,乐其业","极""食""服""业"为韵,四字皆入职部。"邻国相望,鸡狗之声相闻"不入韵。最末一句,句中自为韵,即"死""来"为韵,"死"入脂部,"来"入之部,两者为邻近韵,可以谐韵。

【注释】

  ① 小国寡民:春秋战国时期的国,不是现在所谓的国家的观念,那时

的"国"是个地方政治单位即"地区"的意思,当时人口稀少,所以说是"小国寡民"。"小国寡民"实质上说的是地方自治。"寡",即稀少。

②"使有什佰人之器而不用",河上公本、严遵本、帛书甲本乙本、六朝写本同此,王弼本无"人"字。无"人"字,就与下文"虽有舟舆,无所乘之"完全重复了。使:在这里起加强语气的作用。什伯人之器:十倍、百倍于人力之器,即用上新式工具一人可抵十人、百人之功。这是指生产而言,说明物质文明达到了很高的程度。什伯,十倍、百倍。伯,通"佰"。

③死:固守。徙:迁移。

④虽有舟舆,无所乘之:这是就交通而言,即使有良好的交通工具也不去承坐。舟,即船;舆,即车。

⑤虽有甲兵,无所陈之:这是就战争而言,即使有甲兵也用不上。陈,同"阵",阵列。

⑥结绳:上古时代没有文字,人们用绳索打结以记事。这是说社会回到了上古的淳朴时代。

⑦"至治之极,民各甘其食",傅奕本、范应元本如此,其他各本无"至治之极民各"六字;《史记·货殖列传》引有此六字,但次序不同,作"至治之极,邻国相望,鸡狗之声相闻,民各甘其食……",是司马迁所据《老子》本又与傅奕本所据项羽妾墓出土本有所不同。按:此节之上句已结,又另起一义,有"至治之极"一句,意义完整;"邻国相望,鸡狗之声相闻",按照逻辑,理应在"民至老死不相往来"之前,故从傅奕本、范应元本。至治之极:社会治理得最好。

⑧"甘其食,美其服,安其居,乐其业",帛书、河上公本作"甘其食,美其服,乐其居",傅奕本、范应元本和《史记·货殖列传》所引皆作"甘其食,美其服,安其俗,乐其业"。按次序应以傅奕本为是。劳健说:"业字与食、服合韵,古音通变。"按义亦不应作"乐其居",作"乐其业"较为妥帖、完全。"安其俗"不如作"安其居"于义为长,因为衣、食、住、职业四项最为重要。"鸡狗之声相闻",傅奕本、王弼本、河上公古本、帛书甲本及《庄子》《史记》所引皆如此,帛书乙本、伪河上公注本作"鸡犬"。按照墨家的说法,狗犬,二名一实,兹从众,作"鸡狗"。甘:甜美。

不相往来：这里指相互不干扰或相互之间不发生争战，并非指不友好往来。

【译文】

　　国小人少，使有十倍、百倍于人力的工具而不用；使民众固守家乡而不迁往远方；虽有船车，却没有必要乘坐；虽有铠甲兵器，却没有地方使用它；使民众回复到结绳记事的时代。社会治理得最好，民众自甘于饭食，自美于衣着，自安于居所，自乐于生计，邻国之间互相望得见，鸡鸣狗叫的声音互相听得见，民众直到老死"不相往来"。

第八十一章　信言不美

【章旨】

本章是《道德经》的最后一章，也是全书的结束语。老子采用了格言警句的形式，旨在唤醒人们要从平实朴素的生活中去体道、悟道。

【原文】

信言不美①，美言不信。善言不辩，辩言不善②。知者不博，博者不知③。

【音韵】

历来研究《老子》音韵的，大都认为此章无韵。高本汉以为"信""善"为韵，朱谦之认为是错误的。其实，可以谐韵，"信"入真部，"善"入元部，真元合韵也是《诗经》的通例。又，朱谦之认为是首尾为韵，即："信言不美，美言不信"二句"信""信"为韵；"善言不辩，辩言不善"二句"善""善"为韵；"知者不博，博者不知"二句"知""知"为韵。为什么句首一字与句尾一字押韵？上古诗是入乐的，都有乐曲相配。盖在演唱时，句首一字（加虚词）与一个音乐句相当，如"祸兮，福之所倚"，"祸兮"拉长声调，犹如单独一句，恰好与句尾"倚"字押韵。

【注释】

① 信言：真实的话。美言：华丽的话。

②"善言不辩，辩言不善"，傅奕本、范应元本皆如此，其他各本皆作"善者不辩，辩者不善"。朱谦之认为当作"言"，并举例说："《庄子·齐物论》'大辩不言'，语亦同此。""善言"为《老子》特定名词，二十七章"善言无瑕谪"便是。老子认为善言是不争辩、不辩论的，凡是争辩、辩论之言都是坏的。这同孔子的恶"佞"、斥"佞人"是一致的。孔子所斥的"佞"和"佞者"也都是善言辩的。善言：正确的言论。善，正确。

③ 知：显露。《吕氏春秋·自知》："文侯不说，知於颜色。"高诱注："知，犹见也。"博：大、博大。

本章原在"博者不知"之后，还有"圣人不积，既已为人己愈有，既已与人己愈多。天之道，利而不害，为而不争"一段文字，这段文字与上文无法衔接，马叙伦认为是七十七章错简。马说甚是。将此段移于七十七章，若合符节。

【译文】

真实的话不一定华丽，华丽的话不一定真实。正确的话不一定争辩，争辩的话不一定正确。博大的东西不一定显露，显露的东西不一定博大。

附录：《道德经》中的成语

汉语成语源自古代经典著作、著名历史故事等，是人们长期习用的、简洁精辟的定型词组短句。它结构严整，语言凝练，浓缩了丰富的文化智慧，蕴含着深厚的文化底蕴。现代成语中有不少来自于《道德经》。为便于大家学习，此按音序集录于后。

1. **安居乐业**　意谓过着安定的生活，愉快地从事自己的职业。

语出第八十章："甘其食，美其服，安其居，乐其业。"

2. **百川归海**　比喻众望所归。

语出第六十六章"江海所以能为百谷王者，以其善下之，故能为百谷王。"

3. **暴风骤雨**　原意为来得急、去得快，现常用来比喻来势迅猛。

语出第二十三章："飘风不冬朝，骤雨不冬日。"

4. **报怨以德**　现常指拿恩德回报仇怨。

语出第七十九章："和大怨，必有余怨；大小多少，报怨以德，安可以为善？"

5. **兵强则灭**　意谓依恃军队逞强必然灭亡。

语出第三十六章："柔之胜刚，弱之胜强，是以兵强则灭，木强则折。"

6. **冰消冻释**　比喻障碍和疑难的消除。

语出第十五章："涣兮，若冰之释；澹兮，其若海。"

7. **博者不知**　原意谓博大的东西不显露，现常用以对某事物所知不深。

语出第八十一章："知者不博，博者不知。"

8. **不得其死**　指人不得好死，亦即不能善终。

语出第七十六章："强梁者不得其死，吾将以为教父。"

9. **不得已而用之**　没有其他办法，只好用这个办法。

语出第三十一章："夫唯兵者，不祥之器，不得已而用之。"

10. 不可名状 没法用语言形容。

语出第十四章:"一者,其上不皦,其下不昧,绳绳兮,不可名,复归于无物。"

11. 不可致诘 原意为不能追根究底,现常用来表示具体情况或情由无法弄清楚。

语出第十四章:"视之不见,名曰夷;听之不闻,名曰希;搏之不得,名曰微。此三者不可致诘。故混而为一。"

12. 不矜不伐 意谓不自夸自大,谦虚谨慎。

语出第二十二章:"不自伐故有功,不自矜故长。"

13. 不召自来 没有召唤,自己就来。现常用来形容对方行动很主动。

语出第七十三章:"天之道,不争而善胜,不言而善应,不召而自来,默然而善谋。"

14. 长生久视 长久生存。

语出第五十九章:"有国之母,则可以长久。是谓根深固柢,长生久视之道。"

15. 称孤道寡 古代帝王的自称,表示谦虚。现常用来比喻自封为王。

语出第三十九章:"是以侯王自称孤、寡、不谷,此其以贱为本也!非与?"

16. 持盈守成 现指保住前人创业的成就。

语出第九章:"持而盈之,不如其已。"

17. 宠辱若惊 受宠和受辱都感到惊惶不安。形容人患得患失。

语出第十三章:"何谓宠辱若惊?宠为上,辱为下;得之若惊,失之若惊。是谓宠辱若惊。"

18. 出生入死 原指从出生到死亡,后指冒着生命危险参加战斗,随时都有牺牲的可能。

语出第五十章:"出生入死,生之徒十有三,死之徒十有三。"

19. 寸进尺退 现用以指得到的少,失去的多,得不偿失。

语出第六十九章:"古之用兵者有言曰'吾不敢为主而为客,不敢进寸而退尺'。"

20. **大辩若讷**　指有口才、善辩论的人，表面看来好像不善言辞。

语出第四十五章："大巧若拙，大辩若讷。"

21. **大方无隅**　最方的东西没有四角。比喻为人处事既坚持原则，又不僵硬。

语出第四十一章："大白若辱，大方无隅。"

22. **大器晚成**　原指大的材料需要长时间才能做成器具，后指能担当大事的人要经过长期锻炼，所以成就较晚。

语出第四十一章："大方无隅，大器晚成。"

23. **大巧若拙**　指极为灵巧的人表面上好像笨拙。

语出第四十五章："大巧若拙，大辩若讷。"

24. **大象无形**　意谓最大的形象看不见形迹。现常指最伟大灰宏、崇高壮丽的气派和境界。

语出第四十一章"大器晚成，大音希声，大象无形。"

25. **大音希声**　意谓最大的声音听不见。现比喻大"道"隐而不露。

语出第四十一章："大音希声，大象无形。"

26. **大直若屈**　指极为正直的人（由于不徇私情）表面上好像枉屈。

语出第四十五章："大直若屈。"

27. **淡而无味**　平淡而没有味道。

语出第三十五章："乐与饵，过客止；道之出言，淡乎其无味。"

28. **道法自然**　道是以自己为法则，自因、自成、自本、自根。

语出第二十五章："人法地地，法天天，法道道，道法自然。"

29. **多藏厚亡**　意谓聚财过多，反而会招致更大损失。

语出第四十四章："是故甚爱必大费，多藏必厚亡。"

30. **多言数穷**　言多必失，必有理屈之时。

语出第九章："多言数穷，不如守中。"

31. **防患未然**　在祸患未发生以前就加以预防。

语出第六十四章："为之于未有，治之于未乱。"

32. **各得其所**　原指各人都得到满足，后指每个人或事物都得到恰当的位置或安排。

语出第六十一章："大国不过欲兼畜人，小国不过欲入事人。夫两者各得其所欲，大者宜为下。"

33. 功成不居　形容立了功而不居功自傲。

语出第二章："生而不有，为而不恃，功成而不居。"

34. 功成身退　功业建成后，自己就隐退了。

语出第九章："功遂身退，天之道也哉！"

35. 合抱之木，生于毫末　比喻大事是由小事发展而来。

语出第六十四章："合抱之木，生于毫末；九层之台起于累土。"

36. 和光同尘　原意为混同尘世，不露锋芒，与世无争，后多指随波逐流。

语出第五十六章："和其光，同其尘，是谓玄同。"

37. 祸福倚伏　指祸福在一定条件下互相转化。

语出第五十八章："祸兮，福之所倚，福兮，祸之所伏。"

38. 鸡犬相闻　鸡狗的叫声能互相听见。形容距离近。

语出第八十章："邻国相望，鸡狗之声相闻，民至老死不相往来。"

39. 俭故能广　平素俭省，所以能够富裕。

语出第六十七章："夫慈故能勇，俭故能广。"

40. 将欲夺之，必固与之　要想夺取他，必先给予他。

语出第三十六章："将欲废之，必固举之；将欲夺之，必固与之。"

41. 金玉满堂　形容财富非常多。后也比喻才能出众，学识渊博。

语出第九章："金玉满室，莫之能守。"

42. 荆棘丛生　常用来比喻前进道路上困难很多，阻碍很大。

语出第三十章："师之所处，楚棘生焉；大战之后，必有凶年。"

43. 九层之台，起于累土　比喻办事必须从打好基础做起。也指大事是从小事开始的。

语出第六十四章："合抱之木，生于毫末；九层之台，起于累土。"

44. 跨者不行　跨大步前进的人是走不远的。比喻急于求成的人，难以持之以恒。

语出第二十四章："企者不立，跨者不行。"

45. 老死不相往来 原指人与人之间相安无事，互不干扰，现常用来形容个人、单位或地区之间互不联系，互不通气。

语出第八十章："邻国相望，鸡狗之声相闻，民至老死不相往来。"

46. 廉而不刿 有棱边而不至于割伤别人。比喻为人正直宽厚。

语出第五十八章："是以圣人方而不割，廉而不刿，直而不泄，光而不耀。"

47. 六亲不和 指亲族、亲戚之间的关系都不融洽。

语出第十八章："六亲不和，有孝慈；国家昏乱，有忠臣。"

48. 木强则折 质地硬的木材容易脆裂折断。比喻一味强硬反而会招致失败。

语出第三十六章："是以兵强则灭，木强则折。故刚强处下，柔弱处上。"

49. 绵绵不绝 连绵不断，一直延续下去。

语出第六章："谷神不死，是谓玄牝。玄牝之门，是谓天地之根。绵绵若存，用之不勤。"

50. 美行化人 意指好的行为可以感化人。

语出第六十二章："美言可以市尊，美行可以化人。"

51. 目迷五色 指色彩错杂，看花了眼。后用以比喻事物复杂，使人分辨不清。

语出第十二章："五色令人目盲。"

52. 被褐怀玉 身穿褐衣，胸怀美玉。后比喻出身寒苦而有真才实学的人。

语出第七十章："知我者希，则我贵矣。是以圣人被褐而怀玉！"

53. 飘风不终朝，骤雨不终日 现用来比喻乌云笼罩的日子不会长久，光明终将来临。

语出第二十三章："飘风不冬朝，骤雨不冬日。孰为此者？天地。天地为此尚不能久，而况于人乎？"

54. 去甚去泰 指做事力戒太过度、过极。

语出第二十九章："是以圣人去甚、去太（泰）、去奢。"

55. 千里之行，始于足下 比喻事情的成功是由小而大逐渐积累的。

语出第六十四章："九成之台，起于累土；千里之行始于足下。"

56. 攘臂一呼　形容兴奋激动之情。

语出第三十八章："上礼为之，而莫之应，则攘臂而扔之。"

57. 戎马生郊　意指国家政治混乱，连怀胎的母马也用来作战。后指战乱不断。

语出第四十六章："天下有道，却走马以粪耰；天下无道，戎马生于郊。"

58. 如登春台　比喻生活在美好幸福的环境。

语出第二十章："众人熙熙，如享太牢，如登春台。"

59. 如烹小鲜　意谓不要乱折腾。后比喻轻而易举。

语出第六十章："治大国若烹小鲜。"

60. 若存若亡　原意谓好像存在又好像不存在，后用以形容若有若无，难以捉摸。

语出第四十一章："上士闻道，勤而行之；中士闻道，若存若亡；下士闻道，大而笑之。"

61. 善行无辙迹　用于做好事的人不宣扬自己。

语出第二十七章："善行者无辙迹，善言者无瑕谪；善数者不用筹策；善闭者无关楗而不可开，善结者无绳约而不可解。"

62. 上德若谷　形容具有崇高道德的人胸怀如同山谷一样深广，可以容纳一切。

语出第四十一章："上德若谷，广德若不足。"

63. 上善若水　上等的善就像水一样，善于滋润万物。

语出第八章："上善若水，水善利万物而不争。夫唯不争，故无尤矣。"

64. 深不可测　常表示极深。

语出第十五章："古之善为上者，微妙玄通，深不可测。"

65. 身教重于言教　用亲身示范去教导人比用语言教导人，效果更好。

语出第二章："是以圣人处无为之事，行不言之教。"

66. 慎终如始　指始终谨慎从事。

语出第二十九章："人之从事，尝于几成而败之。慎终如始，则无败事。"

67. 深根固柢　根基深固不可动摇。

语出第五十九章："有国之母，则可以长久。是谓深根固柢，长生久视之道。"

68. 视而不见，听而不闻 原指看不见、听不到，后常用以形容不重视、不注意。

语出第十四章："视之不见，名曰夷；听之不闻，名曰希；搏之不得，名曰微。此三者不可致诘，故混而为一。"

69. 失之若惊 原意为去掉辱名就感到惊喜，后形容过多地考虑个人的得失。

语出第十三章："得之若惊，失之若惊。是谓宠辱若惊。"

70. 损之又损 意谓不断减去华伪而归于淳朴无为，后指人加强自我克制，保持谦虚。

语出第四十八章："为学者日益，为道者日损；损之又损，以至于无为。"

71. 天长地久 原指天、地能永久存在，后多比喻男女爱情像天地一样长久，永无改变。

语出第七章："天长地久。天地所以能长且久者，以其不自私，故能长久。"

72. 天道无亲，常与善人 意谓天道虽不分亲疏，但永远帮助善良的人。

语出第七十九章："天道无亲，常与善人。"

73. 天网恢恢，疏而不失 原指无道的网又宽又大，虽然空虚却不会有一点漏失，后常比喻作恶者逃不脱应有的惩罚。

语出第七十三章："天网恢恢，疏而不失。"

74. 天下大事，必作于细 凡天下的大事都是从细小处做起的。

语出第六十三章："天下之难事，必作于易；天下之大事，必作于细。"

75. 天下太平 指国家平静无事，社会生活安定。

语出第三十五章："执大象，天下往；往而不害，安平太。"

76. 惟恍惟惚 指事物模糊看不清楚。

语出第二十一章："道之为物，惟恍为惚。"

77. 微妙玄通 意谓细微深邃而通达。

语出第十五章："古之善为上者，微妙玄通，深不可识。"

78. 委曲求全　原指弯曲就能保全，后指为了顾全大局而让步。

语出第二十二章："曲则全，枉则正，洼则盈，敝则新，少则得。"

79. 唯施是畏　意谓只怕走斜路。

语出第五十三章："使我介然有知，行于大道，唯施是畏。"

80. 为天下谷　指甘愿作天下的川谷，不为世人所知道，与世无争。

语出第二十八章："知其荣，守其辱，为天下谷。为天下谷，常德乃足，复归于朴。"

81. 未兆易谋　指祸乱没有显露迹象的时候容易谋划消除之。

语出第六十四章："其安易持，其未兆易谋。"

82、无名之朴　原指道自然朴素，后常用以比喻不为人知的才识之士。

语出第三十二章："道常无名之朴；虽小，天下莫能臣。"

83. 无为自化　指顺应自然，自我发展。

语出《道德经》第五十七章："我无为而民自化，我好静而民自正。"

84. 无中生有　原指万物皆有道而生，后常用以形容本无其事，凭控捏造。

语出第四十章："天下之物生于有，有生于无。"

85. 物壮则老　指事物强盛到了极点就会衰落。现指事物盛极必衰的自然规律。

语出第三十章："物壮则老，是谓不道，不道蚤已。"

86. 见素抱朴　现其本真，守其朴素。意谓不为外物所牵。

语出第十九章："见素抱朴，少思寡欲。"

87. 相去几何　意谓差别不大。

语出第二十章："唯之与诃，相去几何？美之与恶，相去何若。"

88. 小国寡民　国家小，人口少。

语出第八十章："小国寡民，使有什伯人之器而不用；使民重死而不远徙。"

89. 信言不美　意谓真实的话不优美。

语出第八十一章："信言不美，美言不信。"

90. 虚而不屈　原比喻天地为风箱，空虚而不会穷竭，现多比喻愈虚心求知，知识就越丰富。

语出第五章："天地之间，其犹橐籥乎？虚而不屈，动而愈出。"

91. 玄之又玄　原用以形容道远之又远，现用以形容非常奥妙，不易理解。

语出第一章："玄之又玄，众妙之门。"

92. 循环往复　指事物周而复始地来回运动。

语出第二十五章："独立而不改，周行而不殆，可以为天地母。"

93. 晏处超然　平静安定而超乎物外。

语出第二十六章："虽有荣观，晏处超然。"

94. 要言妙道　中肯的名言，深微的道理。

语出第六十二章："不贵其师，不爱其资，虽智大迷。是谓要妙。"

95. 以百姓心为心　把群众的需要当成自己的需要。

语出第四十九章："圣人无常心，以百姓之心为心。"

96. 犹豫不决　拿不定主意。

语出第十五章："豫兮，若涉大川；犹兮，若畏四邻。"

97. 余食赘行　比喻惹人讨厌的事物。

语出第二十四章："自伐者无功，自矜者不长。其于道也，曰余食赘行，物或恶之，故有道者不处。"

98. 欲益反损　原谓想得到好处，反而受到损害。形容事与愿违。

语出第三十九章："故物或益之而损，或损之而益。"

99. 芸芸众生　原指一切有生命的东西，后多用以指一大群普普通通或无知无识的人。

语出第十六章："夫物芸芸，各归其根。"

100. 正言若反　正确的话好像是错误的。现常用以比喻误解他人的好意。

语出第七十八章："正言若反。"

101. 知白守黑　心里非常明白，但要安于暗昧，以沉默自处。

语出第二十八章："知其白，守其黑，为天下式。"

102. 直而不泄　原意谓水由上而下直注但不倾泻，后常用作心直而不口快。

语出第五十八章:"是以圣人方而不割,廉而不刿,直而不泄,光而不耀。"

103. 知人之明　识别人的品行和才能的眼力。

语出第三十三章:"知人者智,自知者明。"

104. 知荣守辱　意谓深知荣耀却安于屈辱的地位。

语出第二十八章:"知其荣,守其辱,为天下谷。"

105. 知希则贵　意谓了解我的人越少,我就越可贵。

语出第七十章:"知我者希,则我贵矣。"

106. 知雄守雌　明知自己地位尊贵而仍以卑下谦恭的态度去待人。

语出第二十八章:"知其雄,守其雌,为天下谿。"

107. 知止不殆　知道适可而止的人不会带来危险。

语出第四十四章:"知足不辱,知止不殆,可以长久。"

108. 知足常乐　自知满足,则内心快乐。

语出第四十六章:"故知足之足,常足矣。"

109. 知足不辱　知道满足不会受侮辱。后常用以劝人不要贪得无厌。

语出第四十四章:"知足不辱,知止不殆,可以长久。"

110. 知足者富　知道满足的人才是富有的。

语出第三十三章:"知足者福,强行者有志。"

111. 众妙之门　原指一切物类所从出的门户,现指通向一切奥妙的大门。

语出第一章:"玄之又玄,众妙之门。"

112. 众人察察　大家都很明白。

语出第二十章:"众人皆察察,我独闷闷。"

113. 众人昭昭　众人对某事非常清楚。

语出第二十章:"众人皆昭昭,我独昏昏。"

114. 恣意妄为　任意胡作非为。

语出第十六章:"知常曰明,不知常,妄作凶。"

115. 自爱不自贵　有自爱之心而不抬高自己。

语出第二十四章:"是以圣人自知而不自见,自爱而不自贵。"

116. 自伐无功　喜欢自我夸耀的人建立不了功勋。

语出第二十四章:"自伐者无功,自矜者不长。"

117. 自取其咎　自己招致罪过。

语出第九章:"富贵而骄,自遗其咎。"

118. 自胜者强　能战胜自己弱点的人,才是真正的坚强。

语出第三十三章:"胜人者有力,自胜者强。"

119. 自以为是　总以为自己正确,现多用以表示不虚心。

语出第二十四章:"自是者不章。"

120. 自知而不自见　有自知之明而不自我炫耀。

语出第二十四章:"是以圣人自知而不自见,自爱而不自贵。"

121. 自知之明　指能够客观地认识自己。

语出三十三章:"知人者智,自知者明。"